AENEIS

TUSCULUM STUDIENAUSGABEN
Wissenschaftliche Beratung:
Gerhard Fink, Manfred Fuhrmann, Rainer Nickel

P. VERGILIUS MARO

AENEIS

AUSWAHLAUSGABE

Lateinisch–deutsch

In Zusammenarbeit mit Maria Götte
herausgegeben und übersetzt von Johannes Götte

Auswahl, Einführung und Literaturhinweise von Rainer Nickel

ARTEMIS & WINKLER

Die mit [...] am Rand gekennzeichneten Stellen zeigen an, daß Verse ausgelassen wurden und der neue Textabschnitt hier beginnt.

Die Deutsche Bibliothek – CIP-Einheitsaufnahme

Vergilius Maro, Publius
Aeneis : lateinisch/deutsch / Publius Vergilius Maro.
In Zusammenarbeit mit Maria Götte
hrsg. und übers. von Johannes Götte. – Ausw.-Ausg.
Ausw., Nachw. und Literaturhinweise von Rainer Nickel.
Düsseldorf ; Zürich : Artemis und Winkler, 2000
(Tusculum Studienausgaben)
ISBN 3-7608-1367-4

© 1997 Artemis & Winkler Verlag, 9. Auflage 1997
© ppb-Ausgabe 2000 Patmos Verlag GmbH & Co. KG
Artemis & Winkler Verlag, Düsseldorf und Zürich
Alle Rechte, einschließlich derjenigen des auszugsweisen Abdrucks sowie der
fotomechanischen und elektronischen Wiedergabe, vorbehalten.
Satz und Reproduktion: Laupp & Göbel, Nehren/Tübingen
Druck und Verarbeitung: Grafo s.a., E-Busanri
ISBN 3-7608-1367-4

INHALT

Text und Übersetzung

Liber primus · Erstes Buch (1-33; 50-304; 748-756)	6
Liber secundus · Zweites Buch (1-66; 195-369; 559-566; 588-804)	22
Liber tertius · Drittes Buch (558-691)	50
Liber quartus · Viertes Buch (1-30; 160-195; 259-396; 584-666)	58
Liber sextus · Sechstes Buch (426-476; 679-853)	74
Liber septimus · Siebentes Buch (107-340; 406-474)	86
Liber octavus · Achtes Buch (310-368; 608-731)	104
Liber nonus · Neuntes Buch (176-449)	114
Liber decimus · Zehntes Buch (441-509; 789-832)	130
Liber undecimus · Elftes Buch (182-202; 648-835)	136
Liber duodecimus · Zwölftes Buch (791-842; 887-952) . . .	148

Anhang

Inhaltsübersicht	159
Einführung	163
Literaturhinweise	173
Namenregister	175
Zeittafel	187

I

    Arma virumque cano, Troiae qui primus ab oris
Italiam fato profugus Laviniaque venit
litora, multum ille et terris iactatus et alto
vi superum saevae memorem Iunonis ob iram,
multa quoque et bello passus, dum conderet urbem   5
inferretque deos Latio, genus unde Latinum
Albanique patres atque altae moenia Romae.
    Musa, mihi causas memora, quo numine laeso
quidve dolens regina deum tot volvere casus
insignem pietate virum, tot adire labores   10
inpulerit. tantaene animis caelestibus irae?
    Urbs antiqua fuit — Tyrii tenuere coloni —
Karthago, Italiam contra Tiberinaque longe
ostia, dives opum studiisque asperrima belli;
quam Iuno fertur terris magis omnibus unam   15
posthabita coluisse Samo: hic illius arma,
hic currus fuit; hoc regnum dea gentibus esse,
si qua fata sinant, iam tum tenditque fovetque.
progeniem sed enim Troiano a sanguine duci
audierat, Tyrias olim quae verteret arces;   20
hinc populum late regem belloque superbum
venturum excidio Libyae: sic volvere Parcas.
id metuens veterisque memor Saturnia belli,
prima quod ad Troiam pro caris gesserat Argis
— necdum etiam causae irarum saevique dolores   25
exciderant animo; manet alta mente repostum
iudicium Paridis spretaeque iniuria formae
et genus invisum et rapti Ganymedis honores —
his accensa super iactatos aequore toto
Troas, reliquias Danaum atque inmitis Achilli,   30

ERSTES BUCH

1

Waffentat künde ich und den Mann, der als erster von Troja,
schicksalgesandt, auf der Flucht nach Italien kam und Laviniums
Küsten, viel über Lande geworfen und wogendes Meer durch
Göttergewalt, verfolgt vom Groll der grimmigen Juno,
viel auch duldend durch Krieg, bis er gründe die Stadt und die Götter
bringe nach Latium, dem das Geschlecht entstammt der Latiner,
Albas Väter und einst die Mauern der ragenden Roma.
 Muse, sag mir die Gründe, ob welcher Verletzung des hohen
Willens, worüber voll Gram die Götterkönigin jenen
Mann, das Vorbild der Ehrfurcht, in so viel Jammer, in so viel
Mühsal gejagt. Kann so die Gottheit grollen und zürnen?
 Stand eine Stadt uralt, Karthago — tyrische Siedler
wohnten darin — gegenüber Italien, weit von des Tibers
Mündung, reich an Schätzen und rauh in den Werken des Krieges.
Juno, heißt es, ehrte von allen Landen die e i n e
Stadt am meisten, noch höher als Samos: hatte doch Waffen
hier sie und Wagen; daß hier ein Weltreich wachse, wenn irgend
Schicksal es dulde, wünschte schon damals sehnlichst die Göttin.
Aber sie hatte gehört, ein Geschlecht von trojanischem Blute
wachse heran, bestimmt, einst Tyriens Burgen zu brechen;
aus ihm werde ein Volk, gar weithin herrschend und kriegsstolz,
kommen zu Libyens Sturz: so spännen Schicksal die Parzen.
Dies befürchtete Juno und dachte des früheren Krieges,
den eben s i e bei Troja geführt für die liebe Stadt Argos,
— noch nicht waren die Gründe des Grolls, die wütenden Schmerzen
ihrem Gemüte entschwunden; es kränkt sie tief in des Herzens
Grunde des Paris Spruch, die Schmach der verachteten Schönheit
und das verhaßte Geschlecht, des geraubten Ganymed Ehren; —
So voll Grimm warf rings übers Meer die Göttin die Troer,
die noch übrig der Danaer ließ und der grause Achilles,

arcebat longe Latio, multosque per annos
errabant acti fatis maria omnia circum.
tantae molis erat Romanam condere gentem.
[...]   Talia flammato secum dea corde volutans   50
nimborum in patriam, loca feta furentibus austris,
Aeoliam venit. hic vasto rex Aeolus antro
luctantis ventos tempestatesque sonoras
imperio premit ac vinclis et carcere frenat.
illi indignantes magno cum murmure montis   55
circum claustra fremunt; celsa sedet Aeolus arce
sceptra tenens mollitque animos et temperat iras.
ni faciat, maria ac terras caelumque profundum
quippe ferant rapidi secum verrantque per auras.
sed pater omnipotens speluncis abdidit atris   60
hoc metuens molemque et montis insuper altos
inposuit regemque dedit, qui foedere certo
et premere et laxas sciret dare iussus habenas.
ad quem tum Iuno supplex his vocibus usa est:
  'Aeole, namque tibi divom pater atque hominum rex   65
et mulcere dedit fluctus et tollere vento,
gens inimica mihi Tyrrhenum navigat aequor,
Ilium in Italiam portans victosque penatis:
incute vim ventis submersasque obrue puppes
aut age diversos et dissice corpora ponto.   70
sunt mihi bis septem praestanti corpore nymphae,
quarum quae forma pulcherrima Deiopea,
conubio iungam stabili propriamque dicabo,
omnis ut tecum meritis pro talibus annos
exigat et pulchra faciat te prole parentem.'   75
  Aeolus haec contra: 'tuus, o regina, quid optes,
explorare labor; mihi iussa capessere fas est.
tu mihi quodcumque hoc regni, tu sceptra Iovemque
concilias, tu das epulis accumbere divom
nimborumque facis tempestatumque potentem.'   80
  Haec ubi dicta, cavom conversa cuspide montem

hielt sie weit von Latium fern, und Jahre um Jahre
irrten auf allen Meeren sie rings, getrieben vom Schicksal.
Also mühevoll war's, das römische Volk zu begründen. [...]
  Solches wälzte bei sich die Göttin flammenden Herzens,
kam in der Stürme Bereich, ins Land voll fauchender Föhne,
kam nach Aeolien. Hier in weiter Höhle bedrängt mit
hartem Befehl der Winde Gewühl und heulende Stürme
König Aeolus, hält sie mit Fesseln und Kerker im Zaume.
Jene toben empört rings wider Wände und Riegel.
Dumpf dröhnt drinnen der Berg. Doch Aeolus, szeptergewaltig,
thront auf der Burg, stimmt mild ihr Gemüt und zähmt ihre Zornwut.
Täte er's nicht, so rissen sie Meere und Länder und Himmels-
tiefen im Fluge mit fort und fegten sie hin in die Lüfte.
Doch der allmächtige Vater verbarg sie in düsteren Höhlen,
dieses befürchtend, und türmte noch Bergesmassen darauf und
gab einen König den Winden; der sollte nach festem Vertrage
klug, auf Geheiß, bald straff, bald lockerer führen die Zügel.
Ihn sprach damals Juno an mit flehenden Worten:
  „Aeolus, denn der Vater der Götter und König der Menschen
gab dir, Fluten zu glätten und aufzuwühlen im Winde,
ein mir feindliches Volk durchfährt das Tyrrhenische Meer, trägt
Ilium fort nach Italien, trägt die besiegten Penaten.
Stoß doch Gewalt in die Winde, versenk heckoben die Schiffe,
oder zersprenge die Mannschaft und wirf übers Meer hin die Leiber!
Nymphen habe ich zweimal sieben, herrlichen Wuchses,
die an Gestalt von ihnen die schönste, Deiopea,
will zu dauernder Ehe ich dir als Eigentum geben,
daß mit dir sie Jahr um Jahr für solche Verdienste
lebe, mit schönen Kindern dich, den Vater, beglücke."
  Aeolus sprach darauf: „Du, Königin, hast nur die Mühe,
kundzutun deinen Wunsch: mir frommt's, dein Geheiß zu erfüllen.
Du ja gibst mir mein Reich, du gibst das Szepter, du stimmst mir
Juppiter hold, du läßt mich ruhn beim Mahle der Götter,
du verleihst über Winde und stürmische Wetter die Macht mir."
  Sprach's und wandte die Lanze und stieß sie tief in des Berges

inpulit in latus: ac venti velut agmine facto,
qua data porta, ruunt et terras turbine perflant.
incubuere mari totumque a sedibus imis
una Eurusque Notusque ruunt creberque procellis   85
Africus et vastos volvont ad litora fluctus.
insequitur clamorque virum stridorque rudentum.
eripiunt subito nubes caelumque diemque
Teucrorum ex oculis; ponto nox incubat atra.
intonuere poli et crebris micat ignibus aether   90
praesentemque viris intentant omnia mortem.
extemplo Aeneae solvontur frigore membra;
ingemit et duplicis tendens ad sidera palmas
talia voce refert: 'o terque quaterque beati,
quis ante ora patrum Troiae sub moenibus altis   95
contigit oppetere, o Danaum fortissime gentis
Tydide! mene Iliacis occumbere campis
non potuisse tuaque animam hanc effundere dextra,
saevos ubi Aeacidae telo iacet Hector, ubi ingens
Sarpedon, ubi tot Simois correpta sub undis   100
scuta virum galeasque et fortia corpora volvit?'
   Talia iactanti stridens aquilone procella
velum adversa ferit fluctusque ad sidera tollit.
franguntur remi, tum prora avertit et undis
dat latus, insequitur cumulo praeruptus aquae mons.   105
hi summo in fluctu pendent, his unda dehiscens
terram inter fluctus aperit, furit aestus harenis.
tris Notus abreptas in saxa latentia torquet —
saxa vocant Itali mediis quae in fluctibus Aras,
dorsum inmane mari summo — tris Eurus ab alto   110
in brevia et syrtis urget — miserabile visu —
inliditque vadis atque aggere cingit harenae.
unam, quae Lycios fidumque vehebat Oronten,
ipsius ante oculos ingens a vertice pontus
in puppim ferit: excutitur pronusque magister   115
volvitur in caput; ast illam ter fluctus ibidem

hohles Gewölb: los stürmen die Winde im Zug wie ein Kriegsheer,
wo sich die Pforte erschließt, durchbrausen im Wirbel die Lande,
stürzen hernieder aufs Meer, und ganz von den untersten Tiefen
wühlen Eurus und Notus es auf, wild wirbelt im Sturmwind
Africus her, sie wälzen zum Strand weitwogende Fluten.
Jäh tönt drein der Mannen Geschrei, das Knirschen der Taue,
Wolken reißen sofort den Himmel des Tages hinweg den
Augen der Teukrer; Nacht fällt schwarz herab auf die Wogen.
Donnernd krachen die Pole, es flammt von Blitzen der Äther,
nah, ganz nah umdroht mit Tod rings alles die Mannen.
Lähmender Frost durchkältet sogleich bis ins Mark den Aeneas,
laut aufstöhnt er, hebt zu den Sternen empor seine Hände
beide und ruft: „O dreifach ihr und vierfach Beglückte,
denen vergönnt war, einst vor Trojas ragenden Mauern
vor den Augen der Väter zu sterben; Sohn du des Tydeus,
Danaerheld, warum konnte nicht ich auf Iliums Schlachtfeld
fallen und, niedergestreckt von dir, dies Leben verströmen,
dort, wo Hektor erlag dem Geschoß des Achill, wo der wilde
Sarpedon, wo dicht der Simoïs fort in den Wogen
Schilde der Mannen und Helme hinwälzt und die Leiber der Helden!"
  Während er also klagt, stürzt knirschender Wirbel von Norden
hart ins Segel und türmt die Fluten empor zu den Sternen.
Ruder zerkrachen; dann wendet der Bug sich, bietet den Wogen
dar seine Flanke; ein Berg von Wasser prasselt darüber.
Hier hängt hoch auf Fluten ein Schiff, dort öffnet die Woge
klaffend andern den Boden des Meers. Sturm wütet im Sande.
Drei dreht Notus im Wirbel dahin auf lauernde Felsen —
Felsen inmitten der Flut, der Italiker nennt sie Altäre,
Mächtige Rücken am Spiegel des Meeres — drei Schiffe verdrängt ins
Seichte der Eurus und treibt sie auf Syrten — kläglicher Anblick! —
stößt sie ins Wattenmeer, gürtet sie rings mit Dämmen von Sande.
Eines — die Lykier trug's und trug den treuen Orontes —
trifft vor Aeneas' Augen herniederprasselnd des Meeres
Wucht aufs Heck; den Steuermann packt's und kopfüber rollt er
weg über Bord; das Schiff aber dreht dreimal auf der Stelle

torquet agens circum et rapidus vorat aequore vertex.
adparent rari nantes in gurgite vasto,
arma virum tabulaeque et Troïa gaza per undas.
iam validam Ilionei navem, iam fortis Achatae, 120
et qua vectus Abas et qua grandaevos Aletes,
vicit hiems: laxis laterum compagibus omnes
accipiunt inimicum imbrem rimisque fatiscunt.
  Interea magno misceri murmure pontum
emissamque hiemem sensit Neptunus et imis 125
stagna refusa vadis, graviter commotus, et alto
prospiciens summa placidum caput extulit unda.
disiectam Aeneae toto videt aequore classem,
fluctibus oppressos Troas caelique ruina,
nec latuere doli fratrem Iunonis et irae. 130
Eurum ad se Zephyrumque vocat, dehinc talia fatur:
  'Tantane vos generis tenuit fiducia vestri?
iam caelum terramque meo sine numine, venti,
miscere et tantas audetis tollere moles?
quos ego . . . ! sed motos praestat componere fluctus; 135
post mihi non simili poena commissa luetis.
maturate fugam regique haec dicite vestro:
non illi imperium pelagi saevomque tridentem,
sed mihi sorte datum. tenet ille inmania saxa,
vestras, Eure, domos; illa se iactet in aula 140
Aeolus et clauso ventorum carcere regnet.'
  Sic ait, et dicto citius tumida aequora placat
collectasque fugat nubes solemque reducit.
Cymothoë simul et Triton adnixus acuto
detrudunt navis scopulo; levat ipse tridenti 145
et vastas aperit syrtis et temperat aequor
atque rotis summas levibus perlabitur undas.
ac veluti magno in populo cum saepe coorta est
seditio saevitque animis ignobile volgus,
iamque faces et saxa volant, furor arma ministrat, 150
tum pietate gravem ac meritis si forte virum quem

wirbelnd die Flut; dann schlingt's hinab ein reißender Strudel.
Schwimmer treiben vereinzelt empor aus Wogengewühle,
Waffen der Mannen und Planken und Trojas Schätze im Meere.
Auch Ilioneus Schiff, das Schiff des Helden Achates,
Abas' Schiff und das Schiff des hochbejahrten Aletes
schlug der Sturm: sie lassen durchs Leck im Gefüge der Bordwand
alle den Feind, das Seewasser, ein und klaffen von Rissen.
 Unterdessen bemerkt Neptun das Toben des Meeres,
wie da Sturm hinbraust, wie empor aus untersten Tiefen
strudeln die Wasser des Grundes. Da packt ihn Sorge und weithin
schaut er aufs Meer und hebt sein ruhevoll Haupt aus der Woge.
Überall sieht er verstreut des Aeneas Flotte im Meere,
sieht von Fluten die Troer bedrängt und berstendem Himmel.
Nicht bleibt Junos List und Groll dem Bruder verborgen.
Eurus ruft er und Zephyrus her; dann redet er also:
 „Seid ihr denn auf euer Geschlecht so stolz mir geworden?
Himmel und Erde, ihr Winde, in Aufruhr wagt ihr zu stürzen
ohne meinen Befehl, wagt Wogenmassen zu türmen?
Euch will ich . . . ! aber zunächst geht's vor, die Fluten zu glätten.
Nächstens büßt so leicht ihr nicht für solches Vergehen.
Macht euch schleunigst davon und meldet eurem Gebieter:
Nicht i h m gab die Herrschaft im Meer und den furchtbaren Dreizack
sondern m i r das Los. Er herrscht in der Wüste der Felsen,
Eurus, in eurem Palast: dort mag in der Halle sich brüsten
Aeolus, König der Winde, sofern ihr Kerker sie einschließt."
 Sprach es, und Tat überholt sein Wort: er sänftigt den Schwall der
Wogen, vertreibt das Wolkengewühl, holt wieder die Sonne.
Triton, voll Eifer, und mit ihm Cymóthoë stoßen vom spitzen
Riff die Schiffe herab. Neptun hilft selbst mit dem Dreizack,
öffnet die mächtigen Wälle von Sand und bändigt die Meerflut,
gleitet mit leichten Rädern sodann am Spiegel der Wellen.
Wie es denn oft so geschieht: im Volksgewühle erhebt sich
Aufruhr, wütend rast im Zorn der niedere Pöbel;
Fackeln fliegen und Steine; die Wut schafft Waffen: doch wenn sie
dann einen Mann, gewichtig durch frommen Sinn und Verdienste,

conspexere, silent arrectisque auribus adstant;
ille regit dictis animos et pectora mulcet:
sic cunctus pelagi cecidit fragor, aequora postquam
prospiciens genitor caeloque invectus aperto 155
flectit equos curruque volans dat lora secundo.
　Defessi Aeneadae quae proxima litora cursu
contendunt petere et Libyae vertuntur ad oras.
est in secessu longo locus: insula portum
efficit obiectu laterum, quibus omnis ab alto 160
frangitur inque sinus scindit sese unda reductos.
hinc atque hinc vastae rupes geminique minantur
in caelum scopuli, quorum sub vertice late
aequora tuta silent; tum silvis scaena coruscis
desuper horrentique atrum nemus inminet umbra; 165
fronte sub adversa scopulis pendentibus antrum,
intus aquae dulces vivoque sedilia saxo,
nympharum domus. hic fessas non vincula navis
ulla tenent, unco non adligat ancora morsu.
huc septem Aeneas collectis navibus omni 170
ex numero subit; ac magno telluris amore
egressi optata potiuntur Troes harena
et sale tabentis artus in litore ponunt.
ac primum silici scintillam excudit Achates
succepitque ignem foliis atque arida circum 175
nutrimenta dedit rapuitque in fomite flammam.
tum Cererem corruptam undis Cerealiaque arma
expediunt fessi rerum frugesque receptas
et torrere parant flammis et frangere saxo.
　Aeneas scopulum interea conscendit et omnem 180
prospectum late pelago petit, Anthea si quem
iactatum vento videat Phrygiasque biremis
aut Capyn aut celsis in puppibus arma Caici.
navem in conspectu nullam, tris litore cervos
prospicit errantis; hos tota armenta sequuntur 185
a tergo et longum per vallis pascitur agmen.

ERSTES BUCH

zufällig sehen, dann schweigen und stehn sie und recken die Ohren.
Er aber lenkt die Erregten durchs Wort, stimmt friedlich die Herzen.
So brach nieder das Tosen der Flut, als über die Wogen
schaute der Vater: er fuhr bei heiterem Himmel und lenkte
fliegend im folgsamen Wagen die Rosse an lockerem Zügel.
  Müde und matt bemüht sich die Schar des Aeneas, den nächsten
Strand zu erreichen; so nehmen sie Kurs auf Libyens Küste.
Dort liegt tief in der Bucht ein Platz; den bildet zum Hafen,
vorgelagert, ein Eiland; und jede Woge vom Meere
bricht sich daran und flutet zurück in kreisenden Bogen.
Mächtige Felsen sind hüben und drüben, von Klippen ein Paar dräut
auf gen Himmel; darunter geborgen schweigen die Fluten.
Rings im Hintergrund wächst eine Wand mit flimmernden Wäldern,
dunkelt schwarz hernieder ein Hain, umschauert von Schatten.
Gegenüber der Einfahrt ist felsüberwölbt eine Grotte;
drin ist süßes Wasser; es wachsen Throne aus Felsen,
Nymphengemach. Hier können auch frei von Fesseln die Schiffe
liegen; es hakt kein Anker sie fest mit beißendem Krummzahn.
Hierhin fährt Aeneas mit sieben Schiffen, die aus der
ganzen Zahl ihm geblieben. Zum Land voll Sehnsucht getrieben,
nehmen die Troer Besitz vom heiß erwünschten Gestade,
strecken die Glieder, die flutzerschundenen, nieder am Strande.
Gleich nun schlägt aus Kieselstein den Funken Achates,
fängt das Feuer mit Laub und häuft dann trockene Nahrung
ringsum auf, entlockt dem Brennstoff lodernd die Flamme.
Korn, vom Wasser verdorben, entladen sie dann, von der Mühsal
matt, und Küchengerät und schicken sich an, die geborgnen
Früchte am Feuer zu rösten und fein mit Stein zu zermahlen.
  Unterdessen besteigt einen Fels Aeneas, und weithin
späht er hinaus übers Meer, ob dort den Antheus vielleicht er
fände, vom Sturme verjagt, und die Doppelrudrer der Phryger,
oder den Capys oder auf hohem Heck des Caïcus
Waffen; es zeigt sich kein Schiff; doch sieht drei Hirsche er ferne
schweifen am Strand, und gleich hinterdrein folgt ihnen das ganze
Rudel, es weidet die Täler dahin die stattliche Herde.

constitit hic arcumque manu celerisque sagittas
corripuit, fidus quae tela gerebat Achates,
ductoresque ipsos primum capita alta ferentis
cornibus arboreis sternit, tum volgus et omnem   190
miscet agens telis nemora inter frondea turbam;
nec prius absistit, quam septem ingentia victor
corpora fundat humo et numerum cum navibus aequet.
hinc portum petit, et socios partitur in omnis.
vina bonus quae deinde cadis onerarat Acestes   195
litore Trinacrio dederatque abeuntibus heros,
dividit, et dictis maerentia pectora mulcet:
'o socii — neque enim ignari sumus ante malorum —
o passi graviora, dabit deus his quoque finem.
vos et Scyllaeam rabiem penitusque sonantis   200
accestis scopulos, vos et Cyclopia saxa
experti, revocate animos maestumque timorem
mittite: forsan et haec olim meminisse iuvabit.
per varios casus, per tot discrimina rerum
tendimus in Latium, sedes ubi fata quietas   205
ostendunt, illic fas regna resurgere Troiae.
durate et vosmet rebus servate secundis.'
  Talia voce refert curisque ingentibus aeger
spem voltu simulat, premit altum corde dolorem.
illi se praedae accingunt dapibusque futuris: 210
tergora diripiunt costis et viscera nudant,
pars in frusta secant veribusque trementia figunt,
litore aëna locant alii flammasque ministrant.
tum victu revocant viris fusique per herbam
inplentur veteris Bacchi pinguisque ferinae.   215
postquam exempta fames epulis mensaeque remotae,
amissos longo socios sermone requirunt
spemque metumque inter dubii, seu vivere credant
sive extrema pati nec iam exaudire vocatos.
praecipue pius Aeneas nunc acris Oronti,   220
nunc Amyci casum gemit et crudelia secum
fata Lyci fortemque Gyan fortemque Cloanthum.

Still steht er, den Bogen, die schnellen Pfeile ergreift er,
Waffen, die der treue Achates pflegte zu tragen.
Gleich die Führer traf er zuerst, die hoch ihre Häupter
trugen mit Baumesgeweih; dann gings an die Herde, das ganze
Rudel scheuchte er hin durch laubige Wälder mit Pfeilen,
ließ nicht eher auch ab, bis siegreich sieben gewalt'ge
Tiere zu Boden er streckte: so stimmte die Zahl zu den Schiffen.
Gleich zum Hafen hin eilt er, verteilt allen Freunden die Beute.
Auch den Wein, den Akestes, der Held, einst reichlich in Krüge
schöpfte als Abschiedsgabe vom Strand Trinakriens, ließ er
nun verteilen und sprach zu den Trauernden tröstende Worte:
„Liebe Gefährten — wir wissen doch wohl um früheres Unheil —
truget schon schwereres Leid; ein Gott wird auch dieses beenden.
Kamt ihr doch nahe der Skylla Wut, den hohl aus der Tiefe
heulenden Klüften, ertruget ihr doch kyklopisches Felsland.
Faßt euch drum, seid mutig und laßt die jammernde Angst doch
fahren: wer weiß, einst freut es euch noch, an dieses zu denken.
Durch viel Ungemach, durch so viel der schlimmsten Gefahren
streben wir Latium zu; dort zeigt uns ruhigen Wohnsitz
unser Geschick, neu darf dort erstehn die Herrschermacht Trojas.
Drum bleibt hart und spart euch auf der glücklichen Zukunft."
Also spricht er, und, krank von quälenden Sorgen, erzwingt er
Hoffnungsschein im Blick, birgt tief im Herzen den Kummer
Aber die Freunde gehn an die Beute, bereiten die Mahlzeit,
reißen das Fell von den Rippen und legen frei das Geweide.
Mancher zerstückelt das Fleisch, spießt auf die zuckenden Teile,
andre richten am Strande die Kessel, schüren die Flammen.
Schmausend wecken sie wieder die Kraft: verstreut übers Gras hin,
tun sie sich gütlich an altem Wein und strotzendem Wildbret.
Als der Hunger gestillt und die Tische wieder entfernt sind,
denken der Freunde in langem Gespräch sie, ihrer verlornen,
bang zwischen Hoffen und Furcht, ob man glauben darf, daß sie noch leben
oder das Schlimmste schon leiden und keinen Ruf mehr vernehmen.
Allen voran beseufzt der fromme Aeneas das Los des
wackren Orontes bald, bald das des Amykus, des Lykus
grausam Geschick, und den starken Gyas, den starken Cloanthus.

Et iam finis erat, cum Iuppiter aethere summo
dispiciens mare velivolum terrasque iacentis
litoraque et latos populos sic vertice caeli 225
constitit et Libyae defixit lumina regnis.
atque illum talis iactantem pectore curas
tristior et lacrimis oculos suffusa nitentis
adloquitur Venus: 'o qui res hominumque deumque
aeternis regis imperiis et fulmine terres, 230
quid meus Aeneas in te conmittere tantum,
quid Troes potuere, quibus tot funera passis
cunctus ob Italiam terrarum clauditur orbis?
certe hinc Romanos olim volventibus annis,
hinc fore ductores revocato a sanguine Teucri, 235
qui mare, qui terras omni dicione tenerent,
pollicitus: quae te, genitor, sententia vertit?
hoc equidem occasum Troiae tristisque ruinas
solabar fatis contraria fata rependens;
nunc eadem fortuna viros tot casibus actos 240
insequitur. quem das finem, rex magne, laborum?
Antenor potuit mediis elapsus Achivis
Illyricos penetrare sinus atque intuma tutus
regna Liburnorum et fontem superare Timavi,
unde per ora novem vasto cum murmure montis 245
it mare proruptum et pelago premit arva sonanti.
hic tamen ille urbem Patavi sedesque locavit
Teucrorum et genti nomen dedit armaque fixit
Troia, nunc placida compostus pace quiescit;
nos, tua progenies, caeli quibus adnuis arcem, 250
navibus — infandum — amissis, unius ob iram
prodimur atque Italis longe disiungimur oris.
hic pietatis honos? sic nos in sceptra reponis?'
Olli subridens hominum sator atque deorum
voltu, quo caelum tempestatesque serenat, 255
oscula libavit natae, dehinc talia fatur:

ERSTES BUCH

Schon schwieg alles, als Juppiter hoch vom Äthergewölbe
spähte aufs segelschimmernde Meer, auf ruhende Lande,
Küsten und Völker umher. Dann blieb er im Scheitel des Himmels
stehn und heftete fest seinen Blick auf Libyens Reiche.
Während er solche Sorgen im Herzen bedachte, da sprach ihn,
gramvoll und von Tränen umflort die glänzenden Augen,
Venus an: „O du, der da lenkt der Menschen und Götter
Wesen mit ewiger Macht, mit Blitzen furchtbar gebietet:
Welchen Frevel nur konnte an dir mein Aeneas vollbringen,
welches Verbrechen die Troer? Trotz so viel düsteren Unheils
bleibt um Italiens willen verwehrt rings ihnen der Erdkreis?
Ihnen sollten doch Römer entstammen im Laufe der Jahre
einst und Führer aus neu aufblühendem Blute des Teuker
und über Meer, über Lande gebieten voll Macht; du versprachst es
sicher; welcher Einfluß, mein Vater, stimmte dich anders?
Hierin fand ich Trost über Trojas Sturz und Ruinen:
günstig Schicksal wog mir auf das feindliche Schicksal.
Jetzt aber schlägt Fortuna die Männer trotz aller Leiden
hart wie nur je. Wie endest die Not du, mächtiger König?
Mitten aus der Hand der Achiver konnte Antenor
flüchten, drang zur illyrischen Bucht und sicher bis tief ins
Reich der Liburner, konnte Timavus' Quell überwinden,
wo er aus dumpf erdröhnendem Berg durch neunfache Mündung
bricht, ein brausendes Meer, und rauschend peitscht die Gefilde.
Er aber gründete hier Patavium, gründete Wohnsitz
hier den Teukrern, nannte den Stamm und hängte die Waffen
Trojas dort auf. Nun darf er Frieden in Ruhe genießen.
Wir, dein Geschlecht, denen du die Burg des Himmels verheißen,
werden — o Schmach! — ohne Schiff, nur wegen des Grolles der Einen
preisgegeben und weit getrennt von Italiens Strand. Ist
das der Ehrfurcht Lohn? So bringst du uns wieder zur Herrschaft?"

Ihr aber lächelte zu der Vater der Menschen und Götter
milden Blicks, wie er strahlend erheitert Himmel und Wetter;
zärtlich küßt er die Tochter und spricht dann feierlich also:

'parce metu, Cytherea, manent inmota tuorum
fata tibi: cernes urbem et promissa Lavini
moenia sublimemque feres ad sidera caeli
magnanimum Aenean; neque me sententia vertit.   260
hic tibi — fabor enim, quando haec te cura remordet,
longius et volvens fatorum arcana movebo —
bellum ingens geret Italia populosque ferocis
contundet moresque viris et moenia ponet,
tertia dum Latio regnantem viderit aestas   265
ternaque transierint Rutulis hiberna subactis.
at puer Ascanius, cui nunc cognomen Iulo
additur — Ilus erat, dum res stetit Ilia regno, —
triginta magnos volvendis mensibus orbis
imperio explebit regnumque ab sede Lavini   270
transferet et Longam multa vi muniet Albam.
hic iam ter centum totos regnabitur annos
gente sub Hectorea, donec regina sacerdos
Marte gravis geminam partu dabit Ilia prolem.
inde lupae fulvo nutricis tegmine laetus   275
Romulus excipiet gentem et Mavortia condet
moenia Romanosque suo de nomine dicet.
his ego nec metas rerum nec tempora pono,
imperium sine fine dedi. quin aspera Iuno,
quae mare nunc terrasque metu caelumque fatigat,   280
consilia in melius referet mecumque fovebit
Romanos, rerum dominos gentemque togatam.
sic placitum. veniet lustris labentibus aetas,
cum domus Assaraci Pthiam clarasque Mycenas
servitio premet ac victis dominabitur Argis.   285
nascetur pulchra Troianus origine Caesar,
imperium Oceano, famam qui terminet astris,
Iulius, a magno demissum nomen Iulo.
hunc tu olim caelo spoliis Orientis onustum
accipies secura; vocabitur hic quoque votis.   290
aspera tum positis mitescent saecula bellis;

„Laß, Kytherea, die Furcht! dir bleibt unverändert der Deinen
Sendung bestehn: wirst sehen die Stadt und Laviniums Mauern,
wie es verheißen, wirst heben den hochgemuten Aeneas
hoch zu den Sternen des Himmels, kein Einfluß stimmte mich anders.
Er wird — jetzt will ich künden, dich nagt ja darüber die Sorge,
will nun weiter entrollen das Buch geheimer Verheißung —
schweren Krieg wird er in Italien führen und wilde
Völker zermalmen, den Männern begründen Sitten und Mauern,
bis der dritte Sommer in Latium sah seine Herrschaft,
und für die Rutuler, die er bezwingt, drei Winter schon Krieg war.
Jung-Askanius aber — der jetzt den Beinamen Julus
trägt — einst hieß er Ilus, als Ilium fest stand und herrschte —
dreißig große Kreise im Schwung der rollenden Monde
herrscht er mit Macht, er trägt sein Reich von Lavinium fort, wird
Alba Longa stolz und stark zur Feste erbauen.
Hier wird drei Jahrhunderte nun beim Stamme des Hektor
bleiben das Reich; dann wird eine Priesterin, Tochter des Königs,
Ilia, schwanger von Mars und Mutter von Zwillingssöhnen.
Prangend umhüllt vom gelblichen Fell seiner Amme, der Wölfin,
führt dann Romulus weiter den Stamm: die Mauern der Marsstadt
baut er auf und nennt nach seinem Namen die Römer.
Diesen setze ich weder in Raum noch Zeit eine Grenze,
endlos Reich hab ich ihnen verliehn; selbst Juno, die harte,
die mit Furcht jetzt Meer und Land und Himmel ermattet,
wird zum Besseren lenken den Sinn, wird mit mir die Römer
hegen, die Herren der Welt, das Volk im Gewande der Toga.
So der Beschluß: Einst kommt die Zeit im Gleiten der Jahre,
da des Assarakus Haus ins Joch das berühmte Mykene
zwingt und Phthia zugleich und siegreich herrscht über Argos.
Herrlichen Ursprungs geht hervor der trojanische Caesar,
der sein Reich mit dem Weltmeer begrenzt, seinen Ruhm mit den Sternen,
Julius, denn vom großen Iulus ward ihm der Name.
Ihn wirst im Himmel du einst, wenn er kommt mit des Orients Beute,
sorglos empfangen: auch e r wird einst in Gelübden gerufen.
Krieg wird ruhn und die Welt, die verrohte, neigt sich zur Milde.

cana Fides et Vesta, Remo cum fratre Quirinus
iura dabunt; dirae ferro et compagibus artis
claudentur Belli portae; Furor inpius intus
saeva sedens super arma et centum vinctus aënis   295
post tergum nodis fremet horridus ore cruento.'
  Haec ait et Maia genitum demittit ab alto,
ut terrae utque novae pateant Karthaginis arces
hospitio Teucris, ne fati nescia Dido
finibus arceret. volat ille per aëra magnum   300
remigio alarum ac Libyae citus adstitit oris.
et iam iussa facit, ponuntque ferocia Poeni
corda volente deo, in primis regina quietum
accipit in Teucros animum mentemque benignam.

[...] Nec non et vario noctem sermone trahebat
infelix Dido longumque bibebat amorem,
multa super Priamo rogitans, super Hectore multa;   750
nunc quibus Aurorae venisset filius armis,
nunc quales Diomedis equi, nunc quantus Achilles.
'immo age, et a prima dic, hospes, origine nobis
insidias' inquit 'Danaum casusque tuorum
erroresque tuos; nam te iam septima portat   755
omnibus errantem terris et fluctibus aestas.'

II

  Conticuere omnes intentique ora tenebant.
inde toro pater Aeneas sic orsus ab alto:
'infandum, regina, iubes renovare dolorem.
Troianas ut opes et lamentabile regnum
eruerint Danai, quaeque ipse miserrima vidi   5
et quorum pars magna fui, quis talia fando
Myrmidonum Dolopumve aut duri miles Ulixi
temperet a lacrimis? et iam nox umida caelo
praecipitat suadentque cadentia sidera somnos.

Fides, die graue, und Vesta, Quirinus mit Remus, dem Bruder,
geben Gesetz: die Pforten des Kriegs, die grausigen, werden
dicht verschlossen mit Riegeln aus Erz: des ruchlosen Wahnsinns
Dämon, rücklings gefesselt mit hundert ehernen Banden,
hockt über grausen Waffen und knirscht mit blutigem Munde."
  Spricht es und schickt den Sohn der Maia nieder vom Himmel:
denn nun sollen die Länder, die Burgen des neuen Karthago
gastlich sich öffnen den Teukrern, nicht soll, unkundig des Schicksals,
Dido sperren ihr Land. Weit fliegt mit dem Ruder der Flügel
Hermes dahin durch die Luft, steht bald an Libyens Küsten
und vollbringt den Befehl. Die Punier zwingen ihr wildes
Herz auf des Gottes Geheiß, die Königin aber vor allen
wird den Teukrern friedlich gesinnt in herzlicher Güte.   [...]
Dido zog mit Wechselgespräch die Nacht in die Länge,
sog, die Unselige, tief ins Herz die dauernde Liebe.
Viel über Priamus fragte sie ständig, viel über Hektor,
fragte, mit was für Waffen der Sohn der Aurora gekommen,
wie Diomedes' Rosse gewesen, wie herrlich Achilles.
„Weiter doch, Gastfreund, weiter! Erzähle vom frühesten Ursprung
uns der Danaer List, erzähl das Unglück der Deinen,
auch deine Irrfahrt erzähle; denn schon der siebente Sommer
treibt dich Irrenden allumher durch Länder und Wogen."

2

  Alle verstummten und harrten gespannt in lauschendem Schweigen.
Da begann vom erhabenen Pfühl so Vater Aeneas:
„Unsagbaren Schmerz, o Königin, heißt du erneuen.
Wie die trojanische Macht und die tief zu beklagende Herrschaft
stürzten die Danaer, was höchst Klägliches selbst ich gesehen,
mehr noch am eigenen Leibe erlebt, das könnte wohl selbst kein
Doloper, kein Myrmidone, kein Krieger des harten Ulixes
ohne Tränen erzählen; auch fällt schon tauend vom Himmel
nieder die Nacht, es mahnen die sinkenden Sterne zum Schlummer.

sed si tantus amor casus cognoscere nostros 10
et breviter Troiae supremum audire laborem,
quamquam animus meminisse horret luctuque refugit,
incipiam.
    Fracti bello fatisque repulsi
ductores Danaum tot iam labentibus annis
instar montis equom divina Palladis arte 15
aedificant sectaque intexunt abiete costas;
votum pro reditu simulant, ea fama vagatur.
huc delecta virum sortiti corpora furtim
includunt caeco lateri penitusque cavernas
ingentis uterumque armato milite complent. 20
  Est in conspectu Tenedos, notissima fama
insula, dives opum, Priami dum regna manebant,
nunc tantum sinus et statio male fida carinis;
huc se provecti deserto in litore condunt.
nos abiisse rati et vento petiisse Mycenas. 25
ergo omnis longo solvit se Teucria luctu.
panduntur portae; iuvat ire et Dorica castra
desertosque videre locos litusque relictum.
hic Dolopum manus, hic saevos tendebat Achilles,
classibus hic locus, hic acie certare solebant. 30
pars stupet innuptae donum exitiale Minervae
et molem mirantur equi; primusque Thymoetes
duci intra muros hortatur et arce locari,
sive dolo seu iam Troiae sic fata ferebant.
at Capys et quorum melior sententia menti, 35
aut pelago Danaum insidias suspectaque dona
praecipitare iubent subiectisque urere flammis
aut terebrare cavas uteri et temptare latebras.
scinditur incertum studia in contraria volgus.
   Primus ibi ante omnis magna comitante caterva 40
Laocoon ardens summa decurrit ab arce
et procul 'o miseri, quae tanta insania, cives?
creditis avectos hostis aut ulla putatis
dona carere dolis Danaum? sic notus Ulixes?

Drängt es dich aber so sehr, zu erfahren von unserem Unglück,
kurz von Trojas Todeskampf zu vernehmen, so will ich,
mag ich auch die Erinnerung fliehn voll Entsetzen und Trauer,
dennoch beginnen.
              Gebrochen vom Krieg, vom Schicksal geschlagen,
bauten die Danaerführer, der Last erliegend des Krieges,
ragend gleich einem Berge ein Roß, unterstützt von Minervas
göttlicher Kunst; aus Tannen gefügt sind dem Rosse die Rippen.
Heimkehrgelübde täuschen sie vor; so geht das Gerücht um.
Helden, erlesen durchs Los, verschließen sie hier nun verstohlen
hinter dem Dunkel der Flanke und füllen die riesigen Höhlen
tief im Innern, den mächtigen Bauch, mit bewaffneten Kriegern.
    Tenedos liegt in Sicht, war einst eine hochberühmte
Insel, an Schätzen reich, als Priamus' Herrschaft noch feststand,
jetzt nur ein Golf und für Schiffe ein unzuverlässiger Standort.
Hierhin fuhren sie, bargen sich hier am einsamen Strande.
Wir aber glaubten, sie seien davon mit dem Wind nach Mykene.
Endlich also löst aus langer Trauer sich Troja.
Tor um Tor fliegt auf: froh gehn sie, das dorische Lager
und die verödeten Plätze zu sehn, die verlassene Küste.
Hier waren Doloper, dort das Zelt des grausen Achilles,
hier die Flotte, und dort entbrannte gewöhnlich die Feldschlacht.
Manche bestaunen das Unheilsgeschenk der Jungfrau Minerva,
wundern sich über des Rosses Wucht; Thymoetes als erster
mahnt, in die Stadt es zu ziehn, auf die Burg es zu stellen, vielleicht aus
List, vielleicht auch, weil schon Trojas Schicksal verhängt war.
Capys jedoch und die, deren Herz noch besser beraten,
wollen der Danaer Falle, die argwohnweckende Gabe,
stürzen ins Meer, auch Feuer dran legen und sie verbrennen,
oder durchbohren des Bauches Versteck und gründlich durchsuchen.
Gegensatz spaltet so die ungewiß schwankende Menge.
    Dort als erster vor allem, umwogt von großem Gefolge,
stürmte Laocoon glühend herab vom Gipfel der Stadtburg.
„Elende!" ruft er von fern, „was, Bürger, soll dieser Wahnwitz?
Glaubt ihr denn, der Feind sei fort, oder wähnet ihr frei von
Tücke die Gaben aus Danaerhand? So kennt ihr Ulixes?

aut hoc inclusi ligno occultantur Achivi, 45
aut haec in nostros fabricata est machina muros
inspectura domos venturaque desuper urbi
aut aliquis latet error equo, ne credite, Teucri.
quidquid id est, timeo Danaos et dona ferentis.'
sic fatus validis ingentem viribus hastam 50
in latus inque feri curvam compagibus alvom
contorsit. stetit illa tremens, uteroque recusso
insonuere cavae gemitumque dedere cavernae.
et si fata deum, si mens non laeva fuisset,
impulerat ferro Argolicas foedare latebras, 55
Troiaque nunc staret, Priamique arx alta maneres.
   Ecce manus iuvenem interea post terga revinctum
pastores magno ad regem clamore trahebant
Dardanidae, qui se ignotum venientibus ultro,
hoc ipsum ut strueret Troiamque aperiret Achivis, 60
obtulerat, fidens animi atque in utrumque paratus,
seu versare dolos seu certae occumbere morti.
undique visendi studio Troiana iuventus
circumfusa ruit, certantque inludere capto.
accipe nunc Danaum insidias et crimine ab uno 65
disce omnis..

[...]   Talibus insidiis periurique arte Sinonis 195
credita res, captique dolis lacrimisque coactis
quos neque Tydides nec Larissaeus Achilles,
non anni domuere decem, non mille carinae.
   Hic aliud maius miseris multoque tremendum
obicitur magis atque inprovida pectora turbat. 200
Laocoon, ductus Neptuno sorte sacerdos,
sollemnis taurum ingentem mactabat ad aras.
ecce autem gemini a Tenedo tranquilla per alta
— horresco referens — inmensis orbibus angues
incumbunt pelago pariterque ad litora tendunt; 205
pectora quorum inter fluctus arrecta iubaeque
sanguineae superant undas, pars cetera pontum

Entweder sind, umschlossen von Holz, Achiver verborgen,
oder ersonnen ward dies Werk gegen unsere Mauern,
einzusehen die Häuser, der Stadt von oben zu nahen;
irgendwie lauert Betrug im Roß: mißtrauet, ihr Teukrer!
Was es auch sei, ich fürchte die Danaer, selbst wenn sie schenken."
Und gleich warf er mit Riesenkraft die mächtige Lanze
in die Flanke hinein, ins Bauchgewölbe des Untiers.
Zitternd ragte die Lanze, erschüttert bebte der Leib und
dumpf ertönten die Höhlen und ließen Stöhnen verlauten.
Hätten die Götter gewollt, wär blind unser Herz nicht gewesen,
trieb er uns wirklich, zuschanden zu schlagen der Griechen Versteck, und
Troja stände noch heut, du ragtest noch, Priamus' Hochburg!

Da! Einen jungen Mann, rückwärts die Hände gefesselt,
schleppten lärmend inzwischen dardanische Hirten zum König.
Freiwillig hatte der Fremde den Kommenden sich überliefert,
einzig auf dieses bedacht: den Achivern Troja zu öffnen,
dreist, verwegenen Mutes, und fest zu beidem entschlossen:
durchzuführen die List oder sicheren Todes zu sterben.
Neugierig rennt und drängt herbei die trojanische Jugend,
eifert in dichtem Gewühl, den Gefangenen recht zu verspotten.
Höre denn jetzt von der Tücke der Danaer und an der e i n e n
Schandtat erkenne sie alle. [...]

Glauben fand durch solcherlei List und den Meineid des Sinon
dieser Bericht; so ließen durch Tücke und Heuchlertränen
jene sich fangen, die nicht der Tydide, nicht ein Achilles,
nicht zehn Jahre des Kriegs, nicht tausend Schiffe bezwangen.

Gleich aber ließ uns Arme ein anderes, größeres Zeichen
mehr noch erbeben und stürzte die arglosen Herzen in Wirrsal.
Laocoon, durchs Los für Neptun zum Priester erkoren,
schlachtete grad einen riesigen Stier am Opferaltare.
Da! Da gleitet von Tenedos her durch ruhige Wogen
— jetzt noch faßt mich Entsetzen — in riesigen Bogen ein Paar von
Schlangen im Meere dahin und strebt gemeinsam zum Strande.
Steilauf recken sie zwischen den Fluten die Brust, ihre Kämme
glühn blutrot aus Wogen empor. Der übrige Teil streift

pone legit sinuatque inmensa volumine terga.
fit sonitus spumante salo; iamque arva tenebant
ardentisque oculos suffecti sanguine et igni   210
sibila lambebant linguis vibrantibus ora.
diffugimus visu exsangues. illi agmine certo
Laocoonta petunt; et primum parva duorum
corpora natorum serpens amplexus uterque
inplicat et miseros morsu depascitur artus;   215
post ipsum auxilio subeuntem ac tela ferentem
corripiunt spirisque ligant ingentibus, et iam
bis medium amplexi, bis collo squamea circum
terga dati superant capite et cervicibus altis.
ille simul manibus tendit divellere nodos   220
perfusus sanie vittas atroque veneno,
clamores simul horrendos ad sidera tollit,
qualis mugitus, fugit cum saucius aram
taurus et incertam excussit cervice securim.
at gemini lapsu delubra ad summa dracones   225
effugiunt saevaeque petunt Tritonidis arcem
sub pedibusque deae clipeique sub orbe teguntur.
tum vero tremefacta novos per pectora cunctis
insinuat pavor, et scelus expendisse merentem
Laocoonta ferunt, sacrum qui cuspide robur   230
laeserit et tergo sceleratam intorserit hastam.
ducendum ad sedes simulacrum orandaque divae
numina conclamant.
dividimus muros et moenia pandimus urbis.
accingunt omnes operi pedibusque rotarum   235
subiciunt lapsus et stuppea vincula collo
intendunt: scandit fatalis machina muros
feta armis. pueri circum innuptaeque puellae
sacra canunt funemque manu contingere gaudent.
illa subit mediaeque minans inlabitur urbi.   240
o patria, o divom domus Ilium et incluta bello
moenia Dardanidum! quater ipso in limine portae

hinten das Meer und wirft zu gewaltiger Windung den Rücken.
Schaurig schäumt das Wasser der See; schon gingen an Land sie,
brennend starrten die Augen, von Blut unterlaufen und Feuer,
und schon leckten sie zischend ihr Maul mit zuckenden Zungen:
Bleich vom Anblick fliehn wir hinweg; sie streben in sichrem
Zug auf Laocoon zu: sofort um die Leiber, die jungen,
beider Söhne schlingen nun beide Schlangen die grause
Windung, weiden den Biß an den armen, elenden Gliedern.
Dann ergreifen den Vater sie auch, der mit Waffen zu Hilfe
herstürmt, schnüren ihn ein in Riesenwindungen, und schon
zweimal die Mitte umschlungen und zweimal die schuppigen Rücken
um seinen Hals, überragen sie hoch mit Haupt ihn und Nacken.
Jener bemüht mit den Händen sich hart, zu zerreißen die Knoten,
schwarz übergossen von Geifer und Gift an den heiligen Binden,
furchtbar zugleich tönt klagend sein Schrei hinauf zu den Sternen.
So brüllt auf der Stier, der wund vom Altare geflüchtet
und das Beil, das unsicher traf, geschüttelt vom Nacken.
Aber zum Tempel hoch droben entfliehn schnell gleitend die beiden
Schlangen und streben hinauf zur Burg der grausen Tritonis,
bergen zu Füßen der Göttin im Rund sich unten des Schildes.
Da drang allen erst recht durch bebende Herzen ein neuer
Stoß des Entsetzens; sie sagen, Laocoon habe mit Recht jetzt
sein Verbrechen gebüßt: er verletzte das heilige Holz doch
mit seinem Spieß und stieß in den Rücken die ruchlose Lanze.
Alle schreien, man müsse das Bild zum Wohnsitz der Göttin
ziehn, zur Waltenden beten.
Wir zerbrechen die Mauern und öffnen den Ring unsrer Festung.
Alle gehen voll Eifer ans Werk, sie schieben den Füßen
gleitendes Rollwerk unter und legen Seile aus Hanf dem
Nacken um: so steigt zu den Mauern das Werkzeug des Schicksals,
schwanger von Waffen; und Knaben und unvermählte Mägdlein
singen Hymnen und fassen voll Freude ans Seil mit den Händen.
Anrückt das Roß und gleitet nun drohend mitten zum Stadtkern.
Vaterland, Ilium, Haus der Götter, kriegesberühmte
Festung der Dardaner! — viermal blieb es genau auf der Schwelle

substitit atque utero sonitum quater arma dedere:
instamus tamen inmemores caecique furore
et monstrum infelix sacrata sistimus arce.   245
tunc etiam fatis aperit Cassandra futuris
ora dei iussu non umquam credita Teucris:
nos delubra deum miseri, quibus ultimus esset
ille dies, festa velamus fronde per urbem.

  Vertitur interea caelum et ruit Oceano nox   250
involvens umbra magna terramque polumque
Myrmidonumque dolos; fusi per moenia Teucri
conticuere, sopor fessos conplectitur artus.
et iam Argiva phalanx instructis navibus ibat
a Tenedo tacitae per amica silentia lunae   255
litora nota petens, flammas cum regia puppis
extulerat, fatisque deum defensus iniquis
inclusos utero Danaos et pinea furtim
laxat claustra Sinon. illos patefactus ad auras
reddit equos, laetique cavo se robore promunt   260
Thessandrus Sthenelusque duces et dirus Ulixes
demissum lapsi per funem, Acamasque Thoasque
Pelidesque Neoptolemus primusque Machaon
et Menelaus et ipse doli fabricator Epeos.
invadunt urbem somno vinoque sepultam,   265
caeduntur vigiles portisque patentibus omnis
accipiunt socios atque agmina conscia iungunt.

  Tempus erat, quo prima quies mortalibus aegris
incipit et dono divom gratissima serpit:
in somnis ecce ante oculos maestissimus Hector   270
visus adesse mihi largosque effundere fletus,
raptatus bigis ut quondam aterque cruento
pulvere perque pedes traiectus lora tumentis.
ei mihi qualis erat, quantum mutatus ab illo
Hectore, qui redit exuvias indutus Achilli   275
vel Danaum Phrygios iaculatus puppibus ignis,
squalentem barbam et concretos sanguine crinis

hängen der Pforte, und viermal klirrten im Bauche die Waffen:
dennoch drängen wir sinnlos und blind vor wütendem Eifer,
bringen das Unheilsuntier hinauf zur heiligen Stadtburg.
Jetzt noch öffnet Kassandra den Mund, zu künden das Schicksal;
aber die Teukrer glaubten ihr nie; so wollte der Gott es.
Wir, wir Armen, für die jener Tag als letzter bestimmt war,
schmückten mit festlichem Laub ringsum die Tempel der Götter.

Unterdessen dreht sich der Pol; Nacht steigt aus der Meerflut,
hüllt in Schattendunkel schwarz nun Erde und Himmel
und Myrmidonenlist; die Teukrer, gestreckt auf den Mauern,
waren verstummt; Tiefschlaf umfing die ermüdeten Glieder.
Und schon nahte sich, Schiff bei Schiff, das Heer der Argiver,
fuhr von Tenedos, freundlich geleitet vom schweigenden Monde,
zu den vertrauten Gestaden, vom Heck des Königsschiffes
flammte das Zeichen; da ließ, im Schutz einer feindlichen Götter-
fügung, Sinon die Danaer frei aus dem Bauche und löste
tückisch die Fichtenholzriegel. Das Pferd, nun offen, gibt jene
wieder der Luft: froh kommen hervor aus der Höhlung des Holzbaus
nun Thessander und Sthenelus, kommt der grause Ulixes,
gleitend am niedergelassenen Seil, kommt Acamas, Thoas,
kommt Neoptolemus, Peleus' Enkel, als erster Machaon,
auch Menelaos, zuletzt der Erbauer der Falle, Epeos;
dringen dann ein in die Stadt, die im Schlaf und im Weinrausch begraben,
hauen nieder die Wachen und lassen durch offene Tore
all die Gefährten und scharen sich wohlunterrichtet zusammen.

Eben, da Mitternachtsruhe den leidenden Menschen herannaht
und — ein Göttergeschenk — sich höchst willkommen herabsenkt,
sieh, da erschien im Traum und stand vor Augen mir Hektor,
dumpf von Trauer umdüstert und Trän' um Träne vergießend,
furchtbar, wie einst, vom Gespann zerschleift, von blutigem Staube
schwarz, von Riemen durchbohrt die aufgeschwollenen Füße.
Weh mir, welch ein Bild! Wie sehr verschieden von jenem
Hektor, der da kam mit der Rüstung geschmückt des Achilles,
oder der phrygischen Brand in der Danaer Schiffe geschleudert!
Jetzt starrt Schmutz im Bart, sind blutverklebt seine Haare,

volneraque illa gerens, quae circum plurima muros
accepit patrios. ultro flens ipse videbar
conpellare virum et maestas expromere voces: 280
'o lux Dardaniae, spes o fidissima Teucrum,
quae tantae tenuere morae, quibus Hector ab oris
exspectate venis? ut te post multa tuorum
funera, post varios hominumque urbisque labores
defessi adspicimus? quae causa indigna serenos 285
foedavit voltus aut cur haec volnera cerno?'
ille nihil, nec me quaerentem vana moratur,
sed graviter gemitus imo de pectore ducens
'heu fuge, nate dea, teque his' ait 'eripe flammis.
hostis habet muros, ruit alto a culmine Troia. 290
sat patriae Priamoque datum: si Pergama dextra
defendi possent, etiam hac defensa fuissent.
sacra suosque tibi commendat Troia penatis:
hos cape fatorum comites, his moenia quaere,
magna pererrato statues quae denique ponto.' 295
sic ait, et manibus vittas Vestamque potentem
aeternumque adytis effert penetralibus ignem.

   Diverso interea miscentur moenia luctu,
et magis atque magis, quamquam secreta parentis
Anchisae domus arboribusque obtecta recessit, 300
clarescunt sonitus armorumque ingruit horror.
excutior somno et summi fastigia tecti
adscensu supero atque adrectis auribus adsto:
in segetem veluti cum flamma furentibus austris
incidit, aut rapidus montano flumine torrens 305
sternit agros, sternit sata laeta boumque labores
praecipitesque trahit silvas; stupet inscius alto
accipiens sonitum saxi de vertice pastor.
tum vero manifesta fides Danaumque patescunt
insidiae. iam Deïphobi dedit ampla ruinam 310
Volcano superante domus, iam proximus ardet
Ucalegon, Sigea igni freta lata relucent.

trägt er die Wunden, die reichlich im Kampf um der Vaterstadt Mauern
einst er empfing. Von selbst nun schien ich — selber auch weinend —
anzureden den Helden und trauernd die Worte zu sprechen:
„O, Dardaniens Licht, du Hort und Hoffnung der Teukrer!
Was hielt also lange dich fern, von welchen Gestaden,
Hektor, kommst du, Ersehnter! Nach solchem Sterben der Deinen,
solcher Fülle von Leid für Stadt und Menschen, wie sehn wir
Müden also dich wieder? Und welch unwürdiger Grund hat
so dein heiteres Antlitz entstellt? Warum diese Wunden?"
Nichts entgegnet er, kümmert sich nicht um mein nutzloses Fragen,
sondern schwer aus innerster Brust aufseufzend beginnt er:
„Weh! Flieh, Sohn der Göttin, entreiß dich hier diesen Flammen!
Steht doch der Feind auf den Mauern; es stürzt vom Gipfel nun Troja.
Jetzt ist genug für die Heimat getan und für Priamus; konnte
Menschenhand Pergamus retten, so hätte es m e i n e gerettet.
Dir gibt Troja anheim sein Heiliges, seine Penaten.
Sie nimm mit als Gefährten des Schicksals, suche für sie die
Mauern, die wuchtig endlich du baust nach irrender Seefahrt."
Sprach's und trug die Binden des Opfers, die mächtige Vesta,
trug aus dem innersten Tempel herbei das ewige Feuer.

Jammergeschrei durchtönt schon aller Enden die Festung.
Grell und immer noch greller — wiewohl des Vaters Anchises
Haus ganz still unter Bäumen versteckt liegt — wird das Getöse
rings und dringt voll Grauen heran das Klirren der Waffen.
Ich entstürze dem Schlaf, und hoch zum Giebel des Daches
steige ich auf und stehe und horche voll Spannung: es ist wie
wenn ein Saatfeld Feuer durchrast mit wütenden Winden,
oder ein Wildbach, reißend geschwellt vom Wasser der Berge,
Äcker zerschlägt und üppige Saat, der Pflugstiere Mühsal,
Wälder jäh mitwirbelt im Sturz: vom Gipfel des Felsens
ahnungslos vernimmt das Getöse der Hirt voller Staunen.
Da offenbarte die Wahrheit sich klar: der Danaer Tücke
kam ans Licht; schon brach des Deïphobus prächtiges Haus, von
Flammen besiegt, darnieder im Sturz, Ucalegons brennt ganz
dicht dabei, weit spiegelt die Bucht von Sigeum das Feuer.

exoritur clamorque virum clangorque tubarum.
arma amens capio; nec sat rationis in armis,
sed glomerare manum bello et concurrere in arcem   315
cum sociis ardent animi; furor iraque mentem
praecipitat, pulchrumque mori succurrit in armis.
  Ecce autem telis Panthus elapsus Achivom,
Panthus Othryades, arcis Phoebique sacerdos,
sacra manu victosque deos parvomque nepotem   320
ipse trahit, cursuque amens ad limina tendit.
'quo res summa loco, Panthu, quam prendimus arcem?'
vix ea fatus eram, gemitu cum talia reddit:
'venit summa dies et ineluctabile tempus
Dardaniae. fuimus Troes, fuit Ilium et ingens   325
gloria Teucrorum; ferus omnia Iuppiter Argos
transtulit; incensa Danai dominantur in urbe.
arduus armatos mediis in moenibus adstans
fundit equos, victorque Sinon incendia miscet
insultans. portis alii bipatentibus adsunt,   330
milia quot magnis umquam venere Mycenis;
obsedere alii telis angusta viarum
oppositis; stat ferri acies mucrone corusco
stricta, parata neci; vix primi proelia temptant
portarum vigiles et caeco Marte resistunt.'   335
talibus Othryadae dictis et numine divom
in flammas et in arma feror, quo tristis Erinys,
quo fremitus vocat et sublatus ad aethera clamor.
addunt se socios Ripheus et maximus armis
Aepytus oblati per lunam Hypanisque Dymasque   340
et lateri adglomerant nostro; iuvenisque Coroebus
Mygdonides: illis ad Troiam forte diebus
venerat insano Cassandrae incensus amore
et gener auxilium Priamo Phrygibusque ferebat,
infelix, qui non sponsae praecepta furentis   345
audierit.
quos ubi confertos audere in proelia vidi,

Laut bricht aus der Mannen Geschrei, der Klang der Trompeten;
sinnlos ergreif ich die Waffen, weiß Rat aber nicht mit den Waffen,
sondern es brennt mir das Herz, zum Kampf eine Schar mir zu sammeln
und mit den Kriegern zu stürmen die Burg: ein rasender Zorn reißt
jäh mich davon; schön dünkt es mich jetzt, zu sterben in Waffen.
  Da aber, da kommt Panthus, entronnen dem Speer der Achiver,
Panthus, des Othrys Sohn, der Priester der Burg und des Phoebus,
Heiligtümer trägt seine Hand, er schleppt die besiegten
Götter, den kleinen Enkel und eilt von Sinnen zur Schwelle.
„Panthus, wie steht unser Kampf? Welche Burg noch nehmen zum Schutz
Kaum noch fragte ich, als er stöhnend erwidert: „Der letzte   [wir?"
Tag ist da! Dardaniens unausweichliche Endzeit!
Troer sind wir gewesen, gewesen ist Ilium und der
Teukrer strahlender Ruhm: denn grimmig hat Juppiter alle
Macht nun Argos verliehn; die Danaer herrschen im Brand der
Stadt; steil ragt das Roß inmitten der Festung und Krieger
schüttet es aus; und Sinon als Sieger jubelt voll Hohn, legt
Brand um Brand; aufklaffen die Tore, da stehen die andern,
Tausende, wie ihrer je nur kamen vom großen Mykene.
Andere halten das Straßengewirr mit starrenden Waffen
ringsum besetzt; da dräut mit funkelnder Spitze des Eisens
Schärfe, zum Morde gezückt; kaum wagen die Wachen am Tor als
erste den Kampf und wehren dem Feind im blinden Gewühle."
Durch die Worte des Othryssohns und den Willen der Götter
stürze ich fort in Flammen und Kampf, wo die düstre Erinys,
wo das Getöse mich ruft und himmelanhallender Kriegslärm.
Ripheus schließt sich mir an und Aepytus, waffengewaltig;
Mondlicht führte sie her; auch Hypanis folgt uns und Dymas,
halten sich Seite bei Seite zu uns; auch der junge Coroebus,
Mygdons Sproß, nach Troja gekommen eben in jenen
Tagen, heillos entbrannt zu Kassandra in rasender Liebe,
wollte als Eidam helfen dem Priamus, helfen den Phrygern,
Unheil traf ihn, da dem Gebot seiner Braut, der Prophetin,
er nicht gehorchte.
  Als ich sah, wie dichtgedrängt zum Kampfe sie stürmten,

incipio super his: 'iuvenes, fortissima frustra
pectora, si vobis audendi extrema cupido
certast, qui, quae sit rebus fortuna, videtis: 350
excessere omnes adytis arisque relictis
di, quibus imperium hoc steterat; succurritis urbi
incensae: moriamur et in media arma ruamus.
una salus victis nullam sperare salutem.'
sic animis iuvenum furor additus. inde lupi ceu 355
raptores atra in nebula, quos inproba ventris
exegit caecos rabies catulique relicti
faucibus exspectant siccis, per tela, per hostis
vadimus haud dubiam in mortem mediaeque tenemus
urbis iter; nox atra cava circumvolat umbra. 360
quis cladem illius noctis, quis funera fando
explicet aut possit lacrimis aequare labores?
urbs antiqua ruit multos dominata per annos;
plurima perque vias sternuntur inertia passim
corpora perque domos et religiosa deorum 365
limina. nec soli poenas dant sanguine Teucri;
quondam etiam victis redit in praecordia virtus,
victoresque cadunt Danai. crudelis ubique
luctus, ubique pavor et plurima mortis imago.

[...] At me tum primum saevos circumstetit horror.
obstipui; subiit cari genitoris imago, 560
ut regem aequaevom crudeli volnere vidi
vitam exhalantem, subiit deserta Creusa
et direpta domus et parvi casus Iuli.
respicio et, quae sit me circum copia, lustro:
deseruere omnes defessi et corpora saltu 565
ad terram misere aut ignibus aegra dedere.

[...] Talia iactabam et furiata mente ferebar,
cum mihi se non ante oculis tam clara videndam
obtulit et pura per noctem in luce refulsit 590
alma parens, confessa deam qualisque videri
caelicolis et quanta solet, dextraque prehensum

sprach ich noch: „Männer, nun glühn umsonst die tapfersten Herzen,
wenn euch der Drang zu äußerstem Wagnis fester Entschluß ist,
euch, die ihr seht, welch grausam Geschick hier über uns waltet:
Tempel stehn und Altäre verwaist, entwichen sind alle
Götter, mit denen dies Reich einst stand; einer brennenden Stadt eilt
ihr zu Hilfe: so laßt uns sterben im Waffengewühle!
Einzig Heil für Besiegte ist dies: kein Heil zu erhoffen."
So wird Wut den Männern entfacht: sofort, wie im düstern
Nebel Wölfe auf Raub ausziehn — es treibt sie des Bauches
gierige Wut durchs Dunkel dahin, die verlassenen Jungen
warten lechzenden Schlundes auf sie — so ziehn durch Geschosse,
ziehn wir durch Feinde zum sicheren Tod und nehmen durchs Herz der
Stadt unsern Weg. Nacht breitet schwarz die Flügel der Schatten.
Wer wohl könnte die Not jener Nacht, wer könnte im Wort wohl
malen den Mord, wer wöge durch Tränen auf diese Leiden?
Stürzt doch die uralte Stadt, sie herrschte durch lang-lange Jahre.
Massenhaft liegen auf Straßen gestreckt reglos überall die
Leichen umher, in den Häusern ringsum und sogar an der Götter
heiligen Schwellen; doch nicht nur Teukrer büßen mit Blute,
manchmal kehrt auch ins Herz der Besiegten Mannesmut wieder,
fallen auch Danaer, sie, die Sieger. Blutiger Jammer
herrscht überall und Entsetzen und Tod in tausend Gestalten.   [...]
 Mich aber packte erst jetzt allseits ein grauses Entsetzen.
Starr stand ich: es stieg in mir auf das Bild meines Vaters,
als ich den König, von Alter ihm gleich, an grausamer Wunde
sterben sah: Crëusas gedacht ich, die ich allein ließ,
sah mein Haus schon geplündert, im Unglück den kleinen Iulus.
Umschau halte ich, spähe umher nach der Menge der Freunde:
alle sind fort, todmatt; sie ließen im Sprung sich zur Erde
fallen oder sie warfen sich, lebensmüde, ins Feuer.   [...]
Derlei stieß ich aus und ließ von Wut mich verblenden.
Da bot klar wie nie zuvor meinen Augen zu sehen
hold die Mutter sich dar, durchstrahlte in lauterem Lichte
milde die Nacht, trat auf als Göttin, schön und erhaben,
wie sie den Himmelsbewohnern sich zeigt; mit der Rechten ergriff und

continuit roseoque haec insuper addidit ore:
'nate, quis indomitas tantus dolor excitat iras,
quid furis aut quonam nostri tibi cura recessit? 595
non prius adspicies, ubi fessum aetate parentem
liqueris Anchisen, superet coniunxne Creusa
Ascaniusque puer? quos omnes undique Graiae
circum errant acies et, ni mea cura resistat,
iam flammae tulerint inimicus et hauserit ensis. 600
non tibi Tyndaridis facies invisa Lacaenae
culpatusve Paris: divom inclementia, divom
has evertit opes sternitque a culmine Troiam.
adspice — namque omnem, quae nunc obducta tuenti
mortalis hebetat visus tibi et umida circum 605
caligat, nubem eripiam; tu ne qua parentis
iussa time neu praeceptis parere recusa —
hic, ubi disiectas moles avolsaque saxis
saxa vides mixtoque undantem pulvere fumum,
Neptunus muros magnoque emota tridenti 610
fundamenta quatit totamque a sedibus urbem
eruit. hic Iuno Scaeas saevissima portas
prima tenet sociumque furens a navibus agmen
ferro accincta vocat.
iam summas arces Tritonia — respice — Pallas 615
insedit nimbo effulgens et Gorgone saeva.
ipse pater Danais animos virisque secundas
sufficit, ipse deos in Dardana suscitat arma.
eripe, nate, fugam finemque inpone labori.
nusquam abero et tutum patrio te limine sistam.' 620
dixerat, et spissis noctis se condidit umbris.
adparent dirae facies inimicaque Troiae
numina magna deum.
 Tum vero omne mihi visum considere in ignis
Ilium et ex imo verti Neptunia Troia; 625
ac veluti summis antiquam in montibus ornum
cum ferro accisam crebrisque bipennibus instant
eruere agricolae certatim, illa usque minatur

hielt sie mich fest und sprach überdies mit rosigem Munde:
„Sohn, welch heftiger Schmerz weckt Zorn ohne Zaum dir und Zügel?
Sprich, was wütest du? Wo blieb all deine Sorge um uns denn?
Wirst du nicht lieber doch sehn, wo Anchises, den altersgeschwächten
Vater, du ließest und ob deine Gattin Crëusa noch lebt, dein
Knabe Askanius? Alle umdräut überall schon der Griechen
Kriegerschar, und wenn nicht meine Sorge es wehrte,
wären sie längst ein Opfer der Flammen und feindlicher Schwerter.
Nicht sei dir verhaßt der Lakonerin Helena Antlitz,
klage auch Paris nicht an: der Götter Härte, der Götter,
rottete aus diese Macht und stürzte das ragende Troja.
Auf schau! — denn die Wolke, die jetzt beim Schauen dein sterblich
Auge umhüllt und stumpf und feucht mit Finsternis ringsum
lastet, ich reiße nun ganz sie fort; du fürchte der Mutter
Weisung nicht und weigre dich nicht, ihrer Vorschrift zu folgen. —
Hier, wo zersprengt die Quadern du siehst und Steine von Steinen
niedergewälzt und qualmenden Rauch, durchwirbelt vom Staube,
bricht Neptun die Mauern, zersprengt mit mächtigem Dreizack
jeglich Fundament und reißt vom Sitze die ganze
Stadt; dort hält das Skäische Tor die grimmige Juno
vorne besetzt, und waffenumgürtet ruft sie nun rasend
her von den Schiffen das Heer der Verbündeten.
Schon besetzte — schau um! — Tritonia Pallas die Zinnen
oben der Burg, blitzt her aus Gewölk und dräut mit der Gorgo.
Juppiter selbst leiht Mut den Danaern, leiht zum Erfolg die
Kraft, reizt selbst die Götter zum Kampf gegen Dardanerwaffen.
Fliehe denn, Sohn, flieh schnell und setze ein Ende der Mühsal.
Nirgends verlaß ich dich, bringe dich heil zur Schwelle des Vaters."
Also sprach sie und schwand in dichten, nächtlichen Schatten.
Da erscheinen Dämonengesichter, feindlich in Troja
waltende große Mächte der Götter.
    Jetzt aber schien ganz Ilion mir zu versinken im Feuer,
Troja, erbaut von Neptun, grundauf vernichtet zu werden;
wie wenn hoch im Gebirg eine uralte Esche zu fällen
Bauern im Wettstreit sich mühn; sie schneiden mit Eisen sie an und
schwingen Schlag auf Schlag die Axt; der Baum aber dräut noch

et tremefacta comam concusso vertice nutat,
volneribus donec paulatim evicta supremum 630
congemuit traxitque iugis avolsa ruinam.
descendo ac ducente deo flammam inter et hostis
expedior; dant tela locum flammaeque recedunt.

   Atque ubi iam patriae perventum ad limina sedis
antiquasque domos, genitor, quem tollere in altos 635
optabam primum montis primumque petebam,
abnegat excisa vitam producere Troia
exsiliumque pati. 'vos o, quibus integer aevi
sanguis' ait 'solidaeque suo stant robore vires,
vos agitate fugam. 640
me si caelicolae voluissent ducere vitam,
has mihi servassent sedes. satis una superque
vidimus excidia et captae superavimus urbi.
sic o sic positum adfati discedite corpus.
ipse manu mortem inveniam, miserebitur hostis 645
exuviasque petet. facilis iactura sepulcri.
iam pridem invisus divis et inutilis annos
demoror, ex quo me divom pater atque hominum rex
fulminis adflavit ventis et contigit igni.'

   Talia perstabat memorans fixusque manebat. 650
nos contra effusi lacrimis coniunxque Creusa
Ascaniusque omnisque domus, ne vertere secum
cuncta pater fatoque urgenti incumbere vellet.
abnegat, inceptoque et sedibus haeret in isdem.
rursus in arma feror mortemque miserrimus opto. 655
nam quod consilium aut quae iam fortuna dabatur?
'mene efferre pedem, genitor, te posse relicto
sperasti, tantumque nefas patrio excidit ore?
si nihil ex tanta superis placet urbe relinqui
et sedet hoc animo perituraeque addere Troiae 660
teque tuosque iuvat, patet isti ianua leto,
iamque aderit multo Priami de sanguine Pyrrhus,
gnatum ante ora patris, patrem qui obtruncat ad aras.
hoc erat, alma parens, quod me per tela, per ignis

immer und bebt bis ins Laub und schwankt mit erschüttertem Wipfel,
bis er, mählich von Wunden besiegt, zum letzten Male
tief aufstöhnt und nieder zum Sturz hinbricht von der Höhe.
Nieder nun steig ich, göttlich geführt zwischen Flammen und Feinden,
komme ich durch: Raum gibt das Geschoß, es weichen die Flammen.

   Schon war ich da an der Schwelle des väterlichen Besitzes
wieder im alten Haus; da sagte der Vater, den gleich zum
hohen Gebirge zu bringen ich wünschte und dringend ermahnte,
nicht mehr wolle nach Trojas Sturz sein Leben er fristen,
nicht die Verbannung ertragen. Er rief: „O ihr, denen frisch noch
pulst ein jugendlich Blut, kernfest noch stehen die Kräfte,
ihr sollt eilen zur Flucht!
Hätten die Himmelsbewohner gewollt, daß länger ich lebte,
hätten sie wohl diesen Sitz mir bewahrt: schon übergenug, daß
einen Sturz wir gesehn und den Fall der Stadt überlebten.
Ruft „Fahr wohl!" dem so, ach, so gebetteten Leib und
geht! Selbst finde ich kämpfend den Tod, ein Feind wird Erbarmen
zeigen und Beute verlangen; was soll der Verlust mir des Grabes?
Längst schon bin ich den Göttern verhaßt, und nutzlos durch Jahre
schlepp ich mich, seit der Vater der Götter, der König der Menschen
mich umlohte mit wehendem Blitz, mich lähmte mit Feuer."

   Also sprach er, verharrte dabei und blieb unbeweglich.
Wir aber brachen in Tränen nun aus, Crëusa, mein Weib, mein
Knabe Askanius, alle im Haus: nicht solle der Vater
alles zerstören mit sich, nicht dräuendes Schicksal noch drängen;
er schlägt's ab, hält fest am Entschluß, nicht weicht er vom Sitze.
Mich reißt's wieder zum Kampf, höchst elend wünsche ich Tod mir.
Denn was bot sich an Rat, was bot sich jetzt noch an Aussicht?
„Ich wär fähig — das hast du gedacht, mein Vater — ich könnte
ohne dich fliehn? Sprach solchen Frevel der Mund meines Vaters?
Soll denn nach Götterbeschluß aus der mächtigen Stadt nichts bleiben,
steht dein Entschluß und beliebt es, in Trojas Sturz mitzureißen
dich und die Deinen dazu: das Tor steht frei solchem Tode.
Bald, vom Blute noch triefend des Priamus, nahet sich Pyrrhus,
der vor dem Vater den Sohn und den Vater erschlug am Altare;
holdeste Mutter, das war's, warum durch Geschosse, durch Flammen

eripis, ut mediis hostem in penetralibus utque 665
Ascanium patremque meum iuxtaque Creusam
alterum in alterius mactatos sanguine cernam?
arma, viri, ferte arma; vocat lux ultima victos.
reddite me Danais, sinite instaurata revisam
proelia. numquam omnes hodie moriemur inulti.' 670
  Hinc ferro accingor rursus clipeoque sinistram
insertabam aptans meque extra tecta ferebam.
ecce autem complexa pedes in limine coniunx
haerebat parvomque patri tendebat Iulum:
'si periturus abis, et nos rape in omnia tecum; 675
sin aliquam expertus sumptis spem ponis in armis,
hanc primum tutare domum. cui parvos Iulus,
cui pater et coniunx quondam tua dicta relinquor?'
  Talia vociferans gemitu tectum omne replebat,
cum subitum dictuque oritur mirabile monstrum. 680
namque manus inter maestorumque ora parentum
ecce levis summo de vertice visus Iuli
fundere lumen apex, tactuque innoxia mollis
lambere flamma comas et circum tempora pasci.
nos pavidi trepidare metu crinemque flagrantem 685
excutere et sanctos restinguere fontibus ignis.
at pater Anchises oculos ad sidera laetus
extulit et caelo palmas cum voce tetendit:
'Iuppiter omnipotens, precibus si flecteris ullis,
adspice nos; hoc tantum et si pietate meremur, 690
da deinde auxilium, pater, atque haec omina firma.'
  Vix ea fatus erat senior, subitoque fragore
intonuit laevom et de caelo lapsa per umbras
stella facem ducens multa cum luce cucurrit.
illam summa super labentem culmina tecti 695
cernimus Idaea claram se condere silva
signantemque vias; tum longo limite sulcus
dat lucem et late circum loca sulpure fumant.
hic vero victus genitor se tollit ad auras
adfaturque deos et sanctum sidus adorat: 700

du mich entrafft: ich sollte den Feind im innersten Hause,
sollte Askanius und meinen Vater, sollte Crëusa
hingeschlachtet, den einen im Blut des anderen sehen?
Waffen, Männer, nur Waffen! Nun ruft der Tod die Besiegten.
Bringt mich den Danaern wieder, laßt neue Kämpfe mich sehen!
Wahrlich, nicht alle verfallen wir heut einem Tod ohne Rache."

    Gleich umgürte ich wieder das Schwert und suche die Linke
einzupassen dem Schild und will dann fort aus dem Hause.
Da aber, noch auf der Schwelle, umfing mein Weib mir die Füße,
hängte sich fest und zeigte dem Vater den kleinen Iulus:
„Stürmst du zum Tod, reiß mit dir auch uns in jegliches Schicksal.
Setzest begründete Hoffnung indes du hier auf die Waffen,
schütze zunächst dies Haus! Wem läßt du den kleinen Iulus,
wem den Vater, wem mich, die du Gattin einst nanntest, zurück hier?"

    Also rief sie und ließ das Haus rings tönen vom Jammer.
Da offenbarte sich — Wunder zu sagen — ein plötzliches Zeichen:
Denn vor Augen und unter den Händen der gramvollen Eltern
siehe, da ward gesehen auf Iulus Scheitel ein zartes
Flämmchen, verströmete Licht, die Flamme tat keinen Schaden,
leckte ums weiche Haar und umweidete rings seine Schläfen.
Zittern befiel uns und Angst, wir wollten ersticken des Haares
Flamme, mit Wasser löschen sofort das heilige Feuer.
Aber Anchises, der Vater, hob froh zu den Sternen die Augen,
streckte zum Himmel die Hände empor und betete also:
„Juppiter, lässest, Allmächtiger, du durch Bitten dich beugen,
sieh uns an, und wenn wir so viel durch Ehrfurcht verdienen,
dann steh, Vater, uns bei: bekräftige hier diese Zeichen."

    Kaum sprach also der Greis, da rollte plötzlich mit Krachen
Donner von links, es glitt vom Himmel herab durch die Schatten
strahlenden Lichtes ein Stern, flog hin mit brennender Fackel.
Hochher sehen wir ihn da gleiten über des Hauses
Dach und hell sich bergen im Wald des Idagebirges,
rings bezeichnend die Wege; dann spendet die Furche mit langem
Streifen noch Licht, weit raucht umher von Schwefel die Gegend.
Hier nun vollends besiegt erhob sich vom Sitze der Vater,
sprach zu den Göttern, verehrte des Sternes heiliges Wunder:

'iam iam nulla mora est; sequor et qua ducitis adsum.
di patrii, servate domum, servate nepotem.
vestrum hoc augurium vestroque in numine Troia est.
cedo equidem nec, nate, tibi comes ire recuso.'
dixerat ille, et iam per moenia clarior ignis   705
auditur propiusque aestus incendia volvont.
'ergo age, care pater, cervici inponere nostrae;
ipse subibo umeris nec me labor iste gravabit.
quo res cumque cadent, unum et commune periclum,
una salus ambobus erit. mihi parvos Iulus   710
sit comes, et longe servet vestigia coniunx.
vos, famuli, quae dicam animis advertite vestris.
est urbe egressis tumulus templumque vetustum
desertae Cereris iuxtaque antiqua cupressus
religione patrum multos servata per annos: 715
hanc ex diverso sedem veniemus in unam.
tu, genitor, cape sacra manu patriosque penatis;
me bello e tanto digressum et caede recenti
attrectare nefas, donec me flumine vivo
abluero.'   720
haec fatus latos umeros subiectaque colla
veste super fulvique insternor pelle leonis
succedoque oneri; dextrae se parvos Iulus
inplicuit sequiturque patrem non passibus aequis,
pone subit coniunx. ferimur per opaca locorum;   725
et me, quem dudum non ulla iniecta movebant
tela neque adverso glomerati examine Grai,
nunc omnes terrent aurae, sonus excitat omnis
suspensum et pariter comitique onerique timentem.
iamque propinquabam portis omnemque videbar   730
evasisse viam, subito cum creber ad auris
visus adesse pedum sonitus, genitorque per umbram
prospiciens 'nate' exclamat 'fuge, nate, propinquant;
ardentis clipeos atque aera micantia cerno.'
hic mihi nescio quod trepido male numen amicum   735
confusam eripuit mentem. namque avia cursu

„Jetzt, jetzt gilt kein Verzug: ich bin eurer Führung gewärtig,
Vaterlandsgötter, bewahret mein Haus, bewahret den Enkel.
Ihr, ihr gabt dies Zeichen, in eurer Macht ruht Troja.
Jetzt ergebe ich mich, mein Sohn, und folge dir willig."
Sprach's, und schon die Mauern hindurch wird klarer des Feuers
Prasseln gehört, es wälzen die Brände näher die Gluten.
„Auf denn, lieber Vater, so setze dich auf meinen Nacken,
Hier, ich biete die Schultern dir dar: nicht drückt diese Last mich.
Mag immer kommen, was will: vereint trifft gleiche Gefahr uns,
gleiches Heil wird beiden zuteil. Der kleine Iulus
sei mein Begleiter, es folge von fern mir achtsam die Gattin.
Ihr aber, Diener, beachtet genau nun, was ich euch sage:
Wer aus der Stadt geht, sieht einen Hügel und uralten Cerestempel im einsamen Land, dabei eine alte Zypresse,
lange Jahre hindurch verehrt vom Glauben der Väter:
hier nun treffen wir wieder von hüben und drüben zusammen.
Nimm du, Vater, das heilige Gut, der Väter Penaten,
mir, der aus solchem Kriege erst kam, aus triefendem Blutbad,
bleibt die Berührung verwehrt, bis ich in strömenden Flüssen
rein wieder ward."
Also sprach ich und nahm um die breiten Schultern und um den
niedergebeugten Nacken ein Tuch, des gelblichen Löwen
Fell, und hob meine Last; zur Rechten hängte der kleine
Iulus sich ein und folgte ungleichen Schrittes dem Vater.
Hinter uns ging die Gattin; wir eilten durchs Dämmern der Lande.
Und mich, den noch jüngst kein Speerwurf irgendwie schreckte, ·
nicht die dichtandrängende Schar der feindlichen Griechen,
schreckt jetzt jeglicher Hauch der Luft, jagt jedes Geräusch in
Angst, denn ich fürchte zugleich für die Bürde und für den Begleiter.
Schon kam nah ich dem Tor und meinte schon glücklich den ganzen
Weg überstanden zu haben, als plötzlich ein lärmender Schall von
Schritten ans Ohr zu dröhnen uns schien: mein Vater, durchs Dunkel
vorspähend, rief: „Mein Sohn, entflieh, mein Sohn! denn sie nahen:
blitzen sehe die Schilde ich schon und funkeln die Panzer."
Hier entriß eine übelgesinnte Gottheit mir ganz den
angstbetörten Verstand: denn während durch wegloses Feld ich

dum sequor et nota excedo regione viarum,
heu misero coniunx fatone erepta Creusa
substitit erravitne via seu lapsa resedit?
incertum, nec post oculis est reddita nostris. 740
nec prius amissam respexi animumque reflexi,
quam tumulum antiquae Cereris sedemque sacratam
venimus; hic demum collectis omnibus una
defuit et comites, natumque virumque, fefellit.
quem non incusavi amens hominumque deorumque 745
aut quid in eversa vidi crudelius urbe?
Ascanium Anchisenque patrem Teucrosque penatis
commendo sociis et curva valle recondo.
ipse urbem repeto et cingor fulgentibus armis.
stat casus renovare omnis omnemque reverti 750
per Troiam et rursus caput obiectare periclis.
principio muros obscuraque limina portae,
qua gressum extuleram, repeto et vestigia retro
observata sequor per noctem et lumine lustro:
horror ubique animo, simul ipsa silentia terrent. 755
inde domum, si forte pedem, si forte tulisset,
me refero; inruerant Danai et tectum omne tenebant.
ilicet; ignis edax summa ad fastigia vento
volvitur, exsuperant flammae, furit aestus ad auras.
procedo et Priami sedes arcemque reviso. 760
et iam porticibus vacuis Iunonis asylo
custodes lecti Phoenix et dirus Ulixes
praedam adservabant. huc undique Troïa gaza
incensis erepta adytis mensaeque deorum
crateresque auro solidi captivaque vestis 765
congeritur. pueri et pavidae longo ordine matres
stant circum.
ausus quin etiam voces iactare per umbram
inplevi clamore vias maestusque Creusam
nequiquam ingeminans iterumque iterumque vocavi. 770
quaerenti et tectis urbis sine fine furenti
infelix simulacrum atque ipsius umbra Creusae

renne und haste und weit vom bekannten Weg mich entferne,
ach, blieb da, entrissen vom Unglücksschicksal, Crëusa
stehn oder irrte vom Weg oder fiel sie und konnte nicht weiter?
Ungewiß bleibt's: sie kam uns danach nicht wieder vor Augen.
Selber auch achtete ich der Verlorenen eher nicht, bis wir
kamen zum Hügel der altehrwürdigen Ceres und ihrem
heiligen Sitz. Erst jetzt, als alle beisammen, da fehlte
einzig sie zum Schreck der Begleiter, des Sohns und des Gatten.
Wen hab sinnlos nicht ich verklagt von Menschen und Göttern,
oder was sah ich im Sturze der Stadt wohl Härteres jemals?
Meinen Askanius, Vater Anchises und Trojas Penaten
laß ich im Schutz der Gefährten zurück in der Krümmung des Tales.
Selbst enteile ich wieder zur Stadt, umblitzt von der Rüstung,
fest von neuem zu allem bereit, zurück wieder durch ganz
Troja zu gehn und jeder Gefahr die Stirne zu bieten.
Gleich zu den Mauern zunächst und der dunklen Schwelle des Tores,
wo ich herauskam, kehr ich zurück und folge den Spuren,
wo sie sich bieten bei Nacht: scharf späht mein Auge durchs Dunkel.
Ringsum lauert Entsetzen, voll Schrecken ist selber die Stille.
Weiter dann geh ich zum Hause, ob etwa, ob etwa sie dorthin
wäre — — doch Danaer hatten das Haus schon völlig in Händen.
Aus ist's; windgepeitscht wälzt hoch zum Giebel empor sich
fressend Feuer, die Flamme frohlockt, Glut rast in die Lüfte.
Weiter geh ich zum Sitz und zur Burg des Priamus wieder.
Leer schon stehen die Hallen; in Junos heiliger Freistatt
hüteten nun erlesene Wächter, Phönix und er, der
grause Ulixes, die Beute; hierhin von überallher wird
Trojas Reichtum geschleppt, entrafft aus dem Brande der Tempel:
Tische der Götter und Krüge, massiv aus Gold, und Gewandung,
Raubgut! Kinder und Mütter voll Angst in langer Reihe
stehn umher.
Ich aber wagte sogar laut hin durchs Dunkel zu rufen,
füllte mit klagendem Schrei die Straßen, rief nach Crëusa
immer umsonst, „Crëusa!" rief ich und wieder „Crëusa!"
Also suchte und stürmte ich wild durch die Häuser der Stadt hin.
Da erschien ein Unglücksbild, der Schatten Crëusas,

visa mihi ante oculos et nota maior imago.
obstipui steteruntque comae et vox faucibus haesit.
tum sic adfari et curas his demere dictis: 775
'quid tantum insano iuvat indulgere dolori,
o dulcis coniunx? non haec sine numine divom
eveniunt; nec te comitem hinc portare Creusam
fas aut ille sinit superi regnator Olympi.
longa tibi exsilia et vastum maris aequor arandum 780
et terram Hesperiam venies, ubi Lydius arva
inter opima virum leni fluit agmine Thybris.
illic res laetae regnumque et regia coniunx
parta tibi: lacrimas dilectae pelle Creusae.
non ego Myrmidonum sedes Dolopumve superbas 785
adspiciam aut Grais servitum matribus ibo,
Dardanis et divae Veneris nurus,
sed me magna deum genetrix his detinet oris.
iamque vale et nati serva communis amorem.'
haec ubi dicta dedit, lacrimantem et multa volentem 790
dicere deseruit tenuisque recessit in auras.
ter conatus ibi collo dare bracchia circum,
ter frustra comprensa manus effugit imago,
par levibus ventis volucrique simillima somno.

  Sic demum socios consumpta nocte reviso, 795
atque hic ingentem comitum adfluxisse novorum
invenio admirans numerum, matresque virosque,
collectam exsilio pubem, miserabile volgus.
undique convenere animis opibusque parati,
in quascumque velim pelago deducere terras. 800
iamque iugis summae surgebat Lucifer Idae
ducebatque diem Danaique obsessa tenebant
limina portarum, nec spes opis ulla dabatur.
cessi et sublato montis genitore petivi.

mir vor Augen; ihr Bild überragte die mir einst Vertraute.
Starr stand ich, die Haare gesträubt, mir stockte die Stimme.
Gleich aber sprach sie und nahm mir mit diesen Worten den Kummer:
„Was nur frommt's, sich heillos so dem Schmerze zu lassen,
du mein trauter Gemahl? Nicht ohne das Walten der Götter
wird es gefügt, nicht ist dir's bestimmt, von hier mit Crëusa
fortzuziehn, nicht läßt dies zu des Olympus Beherrscher.
Weitfort wirst du verbannt, mußt Meereswüsten durchpflügen,
kommst alsdann in Hesperiens Land, wo der lydische Thybris
sanft hinströmt durch heldengesegnete, fruchtbare Fluren.
Dort ist blühende Macht und ein Reich und Gemahlin aus Königs-
blut dir bestimmt; so beweine nicht mehr die geliebte Crëusa!
I c h werde nimmer der Myrmidonen, der Doloper stolzen
Wohnsitz sehen, nimmer in Dienst zu griechischen Frauen
ziehn, ich Dardanertochter, Gemahlin des Sohnes der Venus.
Mich hält hier am Strande die große Mutter der Götter.
Lebe denn wohl! Dem gemeinsamen Sohn bewahre die Liebe!"
Also sprach sie und ließ mich Weinenden, vieles zu sagen
Wünschenden einsam stehn, entschwand in flüchtige Lüfte.
Dreimal wollte ich dort um den Nacken die Arme ihr schlingen,
dreimal vergeblich umarmt, entrann die Erscheinung den Händen,
leicht wie Winde und ähnlich durchaus dem schwebenden Traume.

Nun erst geh' ich — die Nacht schwand hin — zurück zu den Freunden.
Und hier finde ich neuer Begleiter riesige Anzahl
hergeströmt und bin voll Staunen, Mütter und Männer,
Jugend, hier zur Verbannung vereint, armselige Menge.
Allseits strömten sie her, mit Mut und Mitteln gerüstet,
mir übers Meer zu folgen in was auch immer für Lande.
Und schon hob sich der Morgenstern überm Idagebirg und
führte den Tag uns herauf; die Danaer hielten der Tore
Schwellen besetzt und nirgendwo bot sich Hoffnung auf Hilfe.
Ich zog fort, auf der Schulter den Vater, und ging zum Gebirge.

III

Et pater Anchises: 'nimirum haec illa Charybdis;
hos Helenus scopulos, haec saxa horrenda canebat.
eripite, o socii, pariterque insurgite remis.' 560
haud minus ac iussi faciunt, primusque rudentem
contorsit laevas proram Palinurus ad undas:
laevam cuncta cohors remis ventisque petivit.
tollimur in caelum curvato gurgite, et idem
subducta ad manis imos desedimus unda. 565
ter scopuli clamorem inter cava saxa dedere,
ter spumam elisam et rorantia vidimus astra.
interea fessos ventus cum sole reliquit,
ignarique viae Cyclopum adlabimur oris.

   Portus ab accessu ventorum inmotus et ingens 570
ipse, sed horrificis iuxta tonat Aetna ruinis,
interdumque atram prorumpit ad aethera nubem
turbine fumantem piceo et candente favilla
attollitque globos flammarum et sidera lambit,
interdum scopulos avolsaque viscera montis 575
erigit eructans liquefactaque saxa sub auras
cum gemitu glomerat fundoque exaestuat imo.
fama est Enceladi semustum fulmine corpus
urgeri mole hac, ingentemque insuper Aetnam
inpositam ruptis flammam exspirare caminis, 580
et fessum quotiens mutet latus, intremere omnem
murmure Trinacriam et caelum subtexere fumo.
noctem illam tecti silvis inmania monstra
perferimus, nec quae sonitum det causa videmus.
nam neque erant astrorum ignes nec lucidus aethra 585
siderea polus, obscuro sed nubila caelo,
et lunam in nimbo nox intempesta tenebat.

   Postera iamque dies primo surgebat Eoo,
umentemque Aurora polo dimoverat umbram,
cum subito e silvis macie confecta suprema 590
ignoti nova forma viri miserandaque cultu

3

Vater Anchises ruft: „Fürwahr! Dies ist die Charybdis;
Helenus warnte vor diesem Riff, diesen furchtbaren Felsen.
Reißt uns heraus, ihr Gefährten, und stemmt euch ans Ruder im
Willig fügen sie sich dem Befehl: Palinurus vor allen   [Gleichtakt."
dreht den krachenden Bug herum in die Wogen zur Linken,
linkshin drängt mit Ruder und Wind die Mannschaft im ganzen.
Himmelan fliegen wir hoch auf dem Buckel des Strudels, wir sinken
ebenso tief zu den Manen hinab im Sturze der Woge.
Dreimal tönte Geheul aus den Klippen im Felsengewölbe,
dreimal sahen wir schäumenden Gischt und träufelnde Sterne.
Mittlerweile verließ mit der Sonne der Wind uns Erschöpfte,
und wir trieben, nicht kundig des Wegs, zum Strand der Kyklopen.

Ruhig, vom Wind nicht berührt, und geräumig dehnt sich der Hafen
selbst; doch donnert nah der Ätna mit furchtbaren Trümmern.
Manchmal wirft er zum Äther empor eine düstere Wolke,
pechschwarz wirbelt ihr Qualm, durchgleißt von glühender Asche;
Flammenkugeln treibt er hinaus, leckt feurig die Sterne.
Manchmal speit er Klippen, zerrissenes Bergeingeweide,
würgend hervor, wirft flüssige Felsbrocken hoch in die Lüfte
stöhnend in Klumpen empor und kocht vom untersten Grunde.
Sage erzählt, des Enkelados Leib, halbverbrannt vom Blitzstrahl,
werde bedrängt von dieser Last; der gewaltige Ätna,
über ihm wuchtend, stoße die Flamme aus berstenden Essen;
und sooft der Erschöpfte sich wälze, wanke und dröhne
ganz Trinakrien dumpf und umwölke den Himmel mit Qualme.
Jene Nacht nun ertragen, geborgen in Wäldern, wir grause
Wunderzeichen und sehen die Ursache nicht des Getöses.
Denn es flammte kein Stern, nicht strahlte in heiterer Klarheit
hell der gestirnte Pol, nein, dunkelumwölkt war der Himmel,
düstere Nacht umhüllte den Mond mit nebligem Schleier.

Schon stieg auf der folgende Tag im Dämmer des Frührots,
tauige Schatten hatte Aurora vom Himmel vertrieben:
da wankt plötzlich vom Wald ganz abgemagert und kraftlos
her ein Fremder, seltsam zu schaun: beklagenswert ist sein

procedit supplexque manus ad litora tendit.
respicimus: dira inluvies inmissaque barba,
consertum tegumen spinis, at cetera Graius
et quondam patriis ad Troiam missus in armis. 595
isque ubi Dardanios habitus et Troïa vidit
arma procul, paulum adspectu conterritus haesit
continuitque gradum; mox sese ad litora praeceps
cum fletu precibusque tulit: 'per sidera testor,
per superos atque hoc caeli spirabile numen, 600
tollite me, Teucri; quascumque abducite terras:
hoc sat erit. scio me Danais e classibus unum
et bello Iliacos fateor petiisse penates.
pro quo, si sceleris tanta est iniuria nostri,
spargite me in fluctus vastoque inmergite ponto. 605
si pereo, hominum manibus periisse iuvabit.'
dixerat, et genua amplexus genibusque volutans
haerebat; qui sit fari, quo sanguine cretus,
hortamur, quae deinde agitet fortuna fateri.
ipse pater dextram Anchises haud multa moratus 610
dat iuveni atque animum praesenti pignore firmat.
ille haec deposita tandem formidine fatur:
'sum patria ex Ithaca, comes infelicis Ulixi,
nomine Achaemenides, Troiam genitore Adamasto
paupere — mansissetque utinam fortuna! — profectus. 615
hic me, dum trepidi crudelia limina linquont,
inmemores socii vasto Cyclopis in antro
deseruere. domus sanie dapibusque cruentis,
intus opaca ingens. ipse arduus altaque pulsat
sidera — di talem terris avertite pestem! — 620
nec visu facilis nec dictu affabilis ulli.
visceribus miserorum et sanguine vescitur atro.
vidi egomet, duo de numero cum corpora nostro
prensa manu magna medio resupinus in antro
frangeret ad saxum sanieque adspersa natarent 625
limina, vidi atro cum membra fluentia tabo
manderet et trepidi tremerent sub dentibus artus.

äußeres Bild; er streckt zum Strand schutzflehend die Hände.
Wir schaun auf: entsetzlich sein Schmutz, wildwuchernd der Bartwuchs,
Lumpen mit Dornenverschluß; im übrigen ist er ein Grieche
und vormals gegen Troja entsandt mit des Vaterlands Waffen.
Als dardanische Tracht er sieht und fernher die Waffen
Trojas, bleibt beim Anblick bestürzt ein wenig er stehen
und verhält seinen Schritt, dann stürzt er vorwärts und fleht mit
Tränen und Bitten uns an: „Ich beschwöre euch hier bei den Sternen
und bei den Göttern, beim lebenströmenden Walten des Himmels:
nehmt mich, Teukrer, und bringt mich, wohin auch immer auf Erden.
Mir ist es recht. Zwar weiß ich, einer vom Danaerheere
bin ich, zog mit — ich gesteh's — im Krieg gegen Iliums Götter.
Ist meines Frevels Unrecht so groß, wohlan so zerreißt mich,
werft in die Flut mich, versenkt mich tief in den Weiten des Meeres,
wenn ich schon sterbe, soll lieb mir von Menschenhänden der Tod sein."
Dann umschlang er fest uns die Knie, wand sich auf Knien
vor uns am Boden; wir fragen ihn, wer er sei und aus welchem
Blute er stamme; dann sollt' er gestehn, welch Schicksal ihn treibe.
Gleich gibt Vater Anchises dem jungen Manne die Rechte,
zögert nicht lange und macht ihm Mut durch das Pfand seines Beistands.
Da legt jener dann ab seine Furcht und meldet uns dieses:
„Ich bin aus Ithaka, folgte dem Unglücksmanne Ulixes,
heiße Achaemenides; und weil Adamastus, mein Vater,
arm war — wär das mein Los doch geblieben! — zog ich nach Troja.
Hier jetzt — während sie ängstlich der grausamen Schwelle entflohen —
ließen mich achtlos die Freunde im Stich in der riesigen Höhle
eines Kyklopen; ein Bluthaus ist's, voll fauligem Blutfraß,
drinnen düster und groß; er selbst ragt steil zu den hohen
Sternen — o Götter, vertilgt solch ein Scheusal doch von der Erde! —
unerträglich dem Auge und unzugänglich dem Worte.
Fleisch armseliger Menschen und Blut ist Speise und Trank ihm.
Sah ich's doch selbst: er packt zwei Mann aus unserer Schar mit
mächtiger Faust und lehnt sich zurück inmitten der Höhle,
schmettert sie gegen den Fels; da schwamm, vom Blute bespritzt, der
Boden; ich sah, wie er dann die blutbesudelten Glieder
kaute, wie zitternd die Stücke noch zuckten unter den Zähnen.

haud inpune quidem; nec talia passus Ulixes
oblitusve sui est Ithacus discrimine tanto.
  nam simul expletus dapibus vinoque sepultus   630
cervicem inflexam posuit iacuitque per antrum
inmensus saniem eructans et frusta cruento
per somnum commixta mero, nos magna precati
numina sortitique vices una undique circum
fundimur et telo lumen terebramus acuto,   635
ingens quod torva solum sub fronte latebat,
Argolici clipei aut Phoebeae lampadis instar,
et tandem laeti sociorum ulciscimur umbras.
sed fugite, o miseri, fugite atque ab litore funem
rumpite.   640
  nam qualis quantusque cavo Polyphemus in antro
lanigeras claudit pecudes atque ubera pressat,
centum alii curva haec habitant ad litora volgo
infandi Cyclopes et altis montibus errant.
tertia iam lunae se cornua lumine complent,   645
cum vitam in silvis inter deserta ferarum
lustra domosque traho vastosque ab rupe Cyclopas
prospicio sonitumque pedum vocemque tremesco.
victum infelicem, bacas lapidosaque corna,
dant rami, et volsis pascunt radicibus herbae.   650
omnia conlustrans hanc primum ad litora classem
prospexi venientem. huic me, quaecumque fuisset,
addixi: satis est gentem effugisse nefandam.
vos animam hanc potius quocumque absumite leto.'
  Vix ea fatus erat, summo cum monte videmus   655
ipsum inter pecudes vasta se mole moventem
pastorem Polyphemum et litora nota petentem,
monstrum horrendum informe ingens, cui lumen ademptum.
trunca manu pinus regit et vestigia firmat;
lanigerae comitantur oves, ea sola voluptas   660
solamenque mali.
  postquam altos tetigit fluctus et ad aequora venit,

Aber nicht ungestraft! Nicht duldet solches Ulixes,
nicht vergaß sein selbst der Ithaker trotz der Gefährdung.
Denn als das Scheusal, voll vom Mahl, vom Weine begraben,
rücklings bog den Nacken und lang da lag in der Höhle,
jauchiges Blut ausrülpsend im Schlaf und Stücke von Fleisch mit
blutigem Weine vermengt, da riefen wir betend die Macht der
hohen Götter: verteilt durchs Los, umringten wir allseits
ihn und bohrten ihm aus mit spitziger Waffe sein Auge,
das ihm riesig und einzig sich barg unter finsterer Stirne
gleich einem Argolerschild oder gleich der Fackel des Phoebus.
Und voll Jubel rächten wir endlich die Schatten der Freunde.
Aber fliehet, o fliehet, ihr Armen! Reißt vom Gestade
Schnell das Seil!
    Denn so furchtbar und groß wie dort Polyphem, der in hohler
Grotte sein wolliges Vieh einschließt und die Euter ihm auspreßt,
hausen allhier im Bogen des Strandes rings umher hundert
andre verruchte Kyklopen und schweifen durchs hohe Gebirge.
Dreimal füllten sich schon mit Licht die Hörner des Mondes,
seit ich in Wäldern inmitten veröderter Lager des Wildes
und ihrer Hausung friste mein Leben, vom Fels die Kyklopen-
riesen erspähe und bebe beim Schall ihrer Schritte und Stimmen.
Elende Kost, steinharte Kornellen und Beeren des Waldes,
bietet der Busch; auch nähren mich Kräuter, gerauft mit den Wurzeln.
Alles durchlaurend erspäht' ich heut endlich zuerst diese Flotte,
wie sie sich nahte dem Strand; ihr gab ich — sie sei, wie sie wolle —
mich in die Hand: mir genügt meine Flucht aus dem ruchlosen Volke.
Nehmt lieber i h r mein Leben dahin, wie auch immer mein Tod sei."
    Kaum hatte dies er gesagt, da sahen wir hoch auf dem Berg ihn
selbst inmitten des Viehs in Riesengestalt sich bewegen,
ihn, Polyphemus, den Hirten: er schritt zum vertrauten Gestade,
ungetüm, grausig, unförmig, gewaltig, das Auge geblendet.
Faustumklammerter Fichtenstamm lenkt sicher die Schritte.
Wollige Schafe umdrängen ihn dicht, seine einzige Freude
und im Leiden sein Trost.
Als er die tiefen Fluten berührt und die Wogen erreicht hat,

luminis effossi fluidum lavit inde cruorem
dentibus infrendens gemitu, graditurque per aequor
iam medium, necdum fluctus latera ardua tinxit.   665
nos procul inde fugam trepidi celerare recepto
supplice sic merito tacitique incidere funem,
vertimus et proni certantibus aequora remis.
sensit et ad sonitum vocis vestigia torsit.
verum ubi nulla datur dextra adfectare potestas   670
nec potis Ionios fluctus aequare sequendo,
clamorem inmensum tollit, quo pontus et omnes
intremuere undae penitusque exterrita tellus
Italiae curvisque inmugiit Aetna cavernis.
at genus e silvis Cyclopum et montibus altis   675
excitum ruit ad portus et litora complent.
cernimus adstantis nequiquam lumine torvo
Aetnaeos fratres, caelo capita alta ferentis,
concilium horrendum: quales cum vertice celso
aëriae quercus aut coniferae cyparissi   680
constiterunt, silva alta Iovis lucusve Dianae.
praecipites metus acer agit quocumque rudentis
excutere et ventis intendere vela secundis.
contra iussa monent Heleni Scyllam atque Charybdin
inter utramque viam leti discrimine parvo,   685
ni teneant cursus: certum est dare lintea retro.
ecce autem Boreas angusta ab sede Pelori
missus adest. vivo praetervehor ostia saxo
Pantagyae Megarosque sinus Thapsumque iacentem.
talia monstrabat relegens errata retrorsus   690
litora Achaemenides, comes infelicis Ulixi.

spült er das rinnende Blut vom ausgestochenen Auge,
knirscht mit den Zähnen und stöhnt und schreitet bis mitten ins Meer
aber noch netzt ihm nicht die Flut seine ragenden Flanken.   [schon,
Wir von fern drängen bebend zur Flucht; den Flehenden nehmen
— wie er's verdient hat — wir auf; dann kappen ganz still wir das Haltseil
und durchwühlen die Flut, wetteifernd gestemmt in die Riemen.
Er aber spürt es und dreht seinen Schritt nach dem Schall des Geräusches.
Als es unmöglich aber ihm bleibt, mit der Hand uns zu greifen,
als er auch nicht der jonischen Flut gleichkommt beim Verfolgen,
brüllt er in maßlosem Klagelaut; das Meer und die Wogen
alle erzittern davor, Italien bebt, von Entsetzen
tief gepackt, aufbrüllt aus zerklüfteten Höhlen der Ätna.
Doch der Kyklopen Geschlecht stürzt aufgeregt aus den Wäldern
und vom Gipfel der Berge zum Hafen und füllt das Gestade.
Wir aber sahn, wie vergeblich sie stehn mit dräuendem Auge,
jene Ätnabrüder, das Haupt hochreckend gen Himmel,
schauererregende Schar: so stehn auf ragendem Gipfel
Eichen hoch in der Luft oder zapfenbehangne Zypressen,
Juppiters hoher Wald, oder auch ein Hain der Diana.
Heftige Angst hetzt uns, in Hast zu entrollen die Taue
und — ganz gleich auch wohin! — bei günstigem Winde zu segeln.
Helenus' Wort aber mahnt, zwischen Skylla sei und Charybdis
jede Fahrt nur knapp vom Tod geschieden, wofern man
Kurs nicht halte; so sind wir schon entschlossen zur Rückfahrt,
da aber, da braust Boreas stark vom Paß des Pelorus,
hilfreich gesandt: vorbei an Pantagyas' felsenumwachs'ner
Mündung fahr ich und Megaras Bucht und dem niedrigen Thapsus.
Achaemenides zeigte uns so seiner früheren Irrfahrt
Küsten ringsum, der Gefährte des Unglücksmannes Ulixes.

IV

At regina gravi iamdudum saucia cura
volnus alit venis et caeco carpitur igni.
multa viri virtus animo multusque recursat
gentis honos, haerent infixi pectore voltus
verbaque, nec placidam membris dat cura quietem. 5
postera Phoebea lustrabat lampade terras
umentemque Aurora polo dimoverat umbram,
cum sic unanimam adloquitur male sana sororem:
'Anna soror, quae me suspensam insomnia terrent!
quis novos hic nostris successit sedibus hospes, 10
quem sese ore ferens, quam forti pectore et armis!
credo equidem — nec vana fides — genus esse deorum.
degeneres animos timor arguit. heu quibus ille
iactatus fatis, quae bella exhausta canebat!
si mihi non animo fixum inmotumque sederet, 15
ne cui me vinclo vellem sociare iugali,
postquam primus amor deceptam morte fefellit,
si non pertaesum thalami taedaeque fuisset,
huic uni forsan potui succumbere culpae.
Anna, fatebor enim, miseri post fata Sychaei 20
coniugis et sparsos fraterna caede penates
solus hic inflexit sensus animumque labantem
inpulit. adgnosco veteris vestigia flammae.
sed mihi vel tellus optem prius ima dehiscat
vel pater omnipotens abigat me fulmine ad umbras, 25
pallentis umbras Erebo noctemque profundam,
ante, pudor, quam te violo aut tua iura resolvo.
ille meos, primus qui me sibi iunxit, amores
abstulit; ille habeat secum servetque sepulcro.'
sic effata sinum lacrimis inplevit obortis. 30

[...]   Interea magno misceri murmure caelum 160
incipit, insequitur commixta grandine nimbus;
et Tyrii comites passim et Troiana iuventus
Dardaniusque nepos Veneris diversa per agros
tecta metu petiere; ruunt de montibus amnes.

4

Aber die Königin, längst schon wund von quälendem Sehnen,
nährt mit Herzblut die Wunde, verzehrt von heimlichem Feuer,
sieht immer vor sich im Geiste des Mannes herrlichen Mut, den
Adel der Abkunft, es haftet im Herzen innig sein Antlitz
und sein Wort, nicht gönnt den Gliedern Ruhe das Sehnen.
Schon zog wieder Aurora mit Phoebus' Licht durch die Lande,
hatte vom Himmelspole verscheucht feucht-nebelndes Dunkel,
da sprach so die Betörte zur Schwester, der Herzensgefährtin:
„Anna, Schwester! Wie schrecken mich herzbeklemmende Träume!
Welch erstaunlicher Gast hat unserm Palast sich genähert,
wie so edel sein Antlitz, wie stark sein Herz und sein Handeln.
Ja, ich glaube — da täuscht mich kein Wahn — er stammt von den
Niedrige Herzen entlarvt die Furcht. Wie sehr doch hat ihn das [Göttern.
Schicksal gejagt, wie sprach er von Kriegen, hart überstand'nen!
Stände nicht fest der Entschluß mir unverrückbar im Herzen,
keinem Manne mich mehr zu vereinen zum Bunde der Ehe,
seit mit Tode mich hart die erste Liebe betrogen,
wäre mir Fackel und Hochzeitsgemach verhaßt nicht geworden,
dieser einzigen Schuld vielleicht noch könnt' ich erliegen.
Anna — gestehe ich's denn — seit des armen Gemahles Sychaeus
Tod, als die Mordtat des Bruders des Hauses Götter besudelt,
hat nur dieser den Sinn mir gebeugt und wankend das Herz mir
wieder gemacht: nah spür ich die Glut meiner früheren Liebe.
Dennoch schlinge zuvor mich hinab der Abgrund der Erde
oder mich schleudre der Blitz des allmächtigen Vaters den Schatten,
bleichen Schatten im Erebus zu und nächtigen Tiefen,
ehe ich, Scham, dich selbst und dein Recht verletze und breche.
Er, der sich zuerst mir vereint, nahm all meine Liebe
mit sich, er habe sie dort und hüte sie drunten im Grabe."
Also spricht sie und netzt die Brust mit quellenden Tränen. [...]
   Unterdessen beginnt der Himmel von grollendem Donner
dumpf zu dröhnen, Sturm fährt drein mit peitschendem Hagel:
und die Tyrergefährten ringsum, die Jugend aus Troja
und der dardanische Enkel der Venus flüchteten hier und
dort voll Angst unter Dach; von Bergen stürzen die Ströme.

speluncam Dido dux et Troianus eandem 165
deveniunt, prima et Tellus et pronuba Iuno
dant signum: fulsere ignes et conscius aether
conubiis, summoque ululavunt vertice nymphae.
ille dies primus leti primusque malorum
causa fuit. neque enim specie famave movetur 170
nec iam furtivom Dido meditatur amorem:
coniugium vocat, hoc praetexit nomine culpam.
    Extemplo Libyae magnas it Fama per urbes,
Fama, malum qua non aliud velocius ullum:
mobilitate viget virisque adquirit eundo, 175
parva metu primo, mox sese attollit in auras
ingrediturque solo et caput inter nubila condit.
illam Terra parens, ira inritata deorum,
extremam, ut perhibent, Coeo Enceladoque sororem
progenuit pedibus celerem et pernicibus alis, 180
monstrum horrendum ingens, cui quot sunt corpore plumae,
tot vigiles oculi subter — mirabile dictu —
tot linguae, totidem ora sonant, tot subrigit auris.
nocte volat caeli medio terraeque per umbram
stridens nec dulci declinat lumina somno; 185
luce sedet custos aut summi culmine tecti
turribus aut altis, et magnas territat urbes,
tam ficti pravique tenax quam nuntia veri.
haec tum multiplici populos sermone replebat
gaudens et pariter facta atque infecta canebat: 190
venisse Aenean Troiano sanguine cretum,
cui se pulchra viro dignetur iungere Dido;
nunc hiemem inter se luxu, quam longa, fovere
regnorum inmemores turpique cupidine captos.
haec passim dea foeda virum diffundit in ora. 195

[...] Ut primum alatis tetigit magalia plantis,
Aenean fundantem arces ac tecta novantem 260
conspicit. atque illi stellatus iaspide fulva
ensis erat Tyrioque ardebat murice laena
demissa ex umeris, dives quae munera Dido

VIERTES BUCH

Dido jedoch und der Fürst aus Troja finden zur selben
Höhle: und Tellus zuerst und Juno, die Göttin der Ehe,
geben das Zeichen; da flammen die Blitze, als Zeuge des Bundes
flammt der Äther, aufheulen vom höchsten Gipfel die Nymphen.
Jener Tag ist als erster des Todes, als erster des Unheils
Ursach geworden; nicht Anstand noch Ruf beirren von nun an
Dido; nicht mehr sinnt sie auf heimliche Liebe, sie nennt es
Ehebund; so verbrämt sie die Schuld mit ehrbarem Namen.
   Allsogleich geht Fama durch Libyens mächtige Städte.
Fama, ein Übel, geschwinder im Lauf als irgendein andres,
ist durch Beweglichkeit stark, erwirbt sich Kräfte im Gehen,
klein zunächst aus Furcht, dann wächst sie schnell in die Lüfte,
schreitet am Boden einher und birgt ihr Haupt zwischen Wolken.
Mutter Erde, so heißt es, gebar aus Groll auf die Götter
jene zuletzt für Enkeladus noch und Koeus als Schwester,
schnell zu Fuß mit hurtigen Flügeln, ist sie ein Scheusal,
greulich und groß; so viele Federn ihr wachsen am Leibe,
so viele wachsame Augen sind drunter — Wunder zu sagen —,
Zungen und tönende Münder so viel und lauschende Ohren.
Nächtens fliegt sie, mitten von Himmel und Erde, durchs Dunkel
schwirrend, schließt niemals zu süßem Schlummer die Augen.
Tagsüber sitzt sie als Wächterin hoch auf dem Dache des Bürgers
oder auf stolzem Palast und schreckt die mächtigen Städte,
ganz so auf Trug und Verkehrtheit erpicht, wie Botin der Wahrheit.
Sie schwoll nun mit Gerücht und Gerede im Ohre der Völker,
kündete froh, was geschah, und erfand, was nimmer geschehen.
Sei da Aeneas gekommen, ein Sproß trojanischen Blutes;
Dido, die schöne, geruhe, sich diesem Mann zu vermählen.
Üppig schwelgten sie jetzt den langen Winter beisammen,
dächten nicht mehr ihres Reichs, von schnöder Wollust gefesselt.
Dies verbreitet im Munde der Menschen die scheußliche Göttin. [...]
Eben berührte der Gott geflügelten Fußes die Vorstadt,
als er Aeneas beim Bau der Burgen und neuen Gebäude
dort erblickte; der trug ein Schwert, von gelblichem Jaspis
blitzend bestirnt, es glühte von tyrischem Purpur der Mantel,
der von der Schulter ihm hing, dies Prachtstück hatte die reiche

fecerat et tenui telas discreverat auro.
continuo invadit: 'tu nunc Karthaginis altae 265
fundamenta locas pulchramque uxorius urbem
exstruis, heu regni rerumque oblite tuarum.
ipse deum tibi me claro demittit Olympo
regnator, caelum et terras qui numine torquet,
ipse haec ferre iubet celeris mandata per auras: 270
quid struis aut qua spe Libycis teris otia terris?
si te nulla movet tantarum gloria rerum,
[nec super ipse tua moliris laude laborem,]
Ascanium surgentem et spes heredis Iuli
respice, cui regnum Italiae Romanaque tellus 275
debetur.' tali Cyllenius ore locutus
mortalis visus medio sermone reliquit
et procul in tenuem ex oculis evanuit auram.

  At vero Aeneas adspectu obmutuit amens
adrectaeque horrore comae et vox faucibus haesit. 280
ardet abire fuga dulcisque relinquere terras,
attonitus tanto monitu imperioque deorum.
heu quid agat, quo nunc reginam ambire furentem
audeat adfatu. quae prima exordia sumat?
atque animum nunc huc celerem, nunc dividit illuc, 285
in partisque rapit varias perque omnia versat.
haec alternanti potior sententia visa est:
Mnesthea Sergestumque vocat fortemque Serestum,
classem aptent taciti sociosque ad litora cogant,
arma parent et, quae rebus sit causa novandis, 290
dissimulent; sese interea, quando optima Dido
nesciat et tantos rumpi non speret amores,
temptaturum aditus et quae mollissima fandi
tempora, quis rebus dexter modus. ocius omnes
imperio laeti parent et iussa facessunt. 295

  At regina dolos — quis fallere possit amantem? —
praesensit motusque excepit prima futuros,
omnia tuta timens. eadem inpia Fama furenti
detulit armari classem cursumque parari.

Dido gemacht, mit Goldfäden fein durchwirkt das Gewebe.
Gleich nun fuhr er ihn an: „Du legst jetzt des hohen Karthago
Fundament und baust, du Knecht eines Weibes, die schöne
Stadt, vergaßest des eigenen Reichs und der eigenen Herrschaft.
Siehe, vom lichten Olymp entsendet zu dir mich der Herrscher
selbst der Götter, der Himmel und Erde waltend beweget,
e r läßt diesen Befehl durch eilende Lüfte dir bringen:
Was bezweckst und erhoffst du müßig in Libyens Landen?
Wenn dich gar nicht rührt der Glanz so herrlicher Dinge,
[wenn du nicht selbst für eigenen Ruhm die Mühsal bewältigst,]
denk an Askanius doch, den wachsenden, denk an des Erben
Julus Hoffnung; Italiens Reich und römisches Land wird
ihm doch geschuldet." Als so der Kyllenier mahnend gesprochen,
ließ er, mitten im Wort, zurück der Sterblichen Blicke,
fern in flüchtige Luft entschwand er völlig den Augen.

Aber Aeneas indes stand stumm, beim Anblick von Sinnen,
steil vor Entsetzen sträubt sich das Haar, im Schlund würgt die Stimme.
Gleich entbrennt er, zu fliehn, die trauten Lande zu lassen,
niedergedonnert von solchem Befehl und Mahnruf der Götter.
Was soll er tun, wie wagen, der lieberasenden Fürstin
jetzt im Worte zu nahn? Wie soll überhaupt er beginnen?
Und sein Denken zerteilt er, das schnelle, bald hierhin, bald dorthin,
reißt es kreuz und quer und hetzt es durch alles und jedes.
Dieser Entschluß erschien als bester zuletzt dem Bedrängten:
Mnestheus ruft und Sergestus er her und den starken Serestus,
heimlich die Flotte zu rüsten, die Freunde am Ufer zu sammeln,
Waffen zur Hand zu haben, den Grund für diese Verändrung
doch zu verbergen; er werde, solange die treffliche Dido
noch nichts ahne und nimmer den Bruch solcher Liebe erwarte,
Zugang suchen und Zeit zu freundlich-schonender Rede
und für alles die schicklichste Art. In Eile gehorchen
alle freudig seinem Befehl und vollbringen den Auftrag.

Aber die Königin spürte — wer könnte die Liebende täuschen? —
längst die List und vernahm als erste den kommenden Wandel,
war ja schon immer voll Angst. Der Lieberasenden meldet
wieder die ruchlose Fama, man rüste die Flotte zur Abfahrt.

saevit inops animi totamque incensa per urbem 300
bacchatur, qualis commotis excita sacris
Thyias, ubi audito stimulant trieterica Baccho
orgia nocturnusque vocat clamore Cithaeron.
  Tandem his Aenean compellat vocibus ultro:
'dissimulare etiam sperasti, perfide, tantum 305
posse nefas tacitusque mea decedere terra,
nec te noster amor nec te data dextera quondam
nec moritura tenet crudeli funere Dido?
quin etiam hiberno moliris sidere classem
et mediis properas aquilonibus ire per altum, 310
crudelis? quid, si non arva aliena domosque
ignotas peteres, et Troia antiqua maneret,
Troia per undosum peteretur classibus aequor?
mene fugis? per ego has lacrimas dextramque tuam te,
quando aliud mihi iam miserae nihil ipsa reliqui, 315
per conubia nostra, per inceptos hymenaeos,
si bene quid de te merui, fuit aut tibi quicquam
dulce meum, miserere domus labentis et istam,
oro, si quis adhuc precibus locus, exue mentem.
te propter Libycae gentes Nomadumque tyranni 320
odere, infensi Tyrii; te propter eundem
extinctus pudor et, qua sola sidera adibam,
fama prior. cui me moribundam deseris — hospes,
hoc solum nomen quoniam de coniuge restat?
quid moror, an mea Pygmalion dum moenia frater 325
destruat aut captam ducat Gaetulus Iarbas?
saltem si qua mihi de te suscepta fuisset
ante fugam suboles, si quis mihi parvolus aula
luderet Aeneas, qui te tamen ore referret,
non equidem omnino capta ac deserta viderer.' 330
  Dixerat. ille Iovis monitis inmota tenebat
lumina et obnixus curam sub corde premebat.
tandem pauca refert: 'ego te, quae plurima fando
enumerare vales, numquam, regina, negabo

Sinnlos tobt sie und rast voll Zorn überall durch die Stadt; so
rast die Mänade, vom Anblick erregt der Weihegefäße
wenn, nach dreier Jahre Verlauf, die Orgien wieder
stacheln mit Bakchusruf und nachts laut ruft der Kithaeron.
  Endlich stellt sie von selbst den Aeneas, spricht zu ihm also:
„Auch noch verbergen zu können erhofftest du, Treuloser, solchen
Frevel und ganz in der Stille aus meinem Lande zu weichen?
Hält meine Liebe dich nicht, die Hand nicht, einst mir gegeben?
Hält nicht Didos Tod dich zurück, der grausam bevorsteht?
Selbst unterm Wintergestirn treibst du zur Fahrt deine Flotte,
eilst dich, mitten im Nordsturm hin über Meere zu segeln,
Grausamer? Wenn du nicht fremdes Gefild und nimmer gekannte
Heimstatt suchtest, wenn uralt immer noch ragte dein Troja,
führest nach Troja du wohl zu Schiff durch wogende Meerflut?
Fliehst du denn m i c h ? O, sieh diese Tränen, denk deiner Rechten,
denn nichts anderes hab ich Arme mir selbst noch gelassen,
denk des gemeinsamen Bundes, des Anfangs unsrer Vermählung,
macht ich nur irgend um dich mich verdient, ward irgend nur Liebes
dir von mir, so erbarm dich doch des gefährdeten Hauses,
leg doch, bitt ich, wenn Bitten noch Sinn hat, ab diesen Starrsinn.
Deinetwegen ergrimmt sind Libyens Völker, ergrimmt die
Numiderfürsten, erbittert die Tyrier, wieder um deinet-
willen zerstört die Scham, mein früherer Ruf, der allein mich
himmelan hob; wem läßt du zurück mich zum Tode, du Gastfreund,
einzig diese Bezeichnung blieb vom Gemahl ja noch übrig?
Warte ich gar, bis mein Bruder Pygmalion hier meine Festung
einreißt oder gefangen mich nimmt der Gaetuler Jarbas?
Hätte ich wenigstens doch einen Sohn von dir noch empfangen
vor deiner Flucht und spielte mir hier im Palaste ein lieber,
kleiner Aeneas, der immerhin mir doch dein Antlitz bewahrte,
ach, dann käme ich nicht so betrogen mir vor und verlassen."
  Aber Aeneas, gemahnt von Juppiter, stand dort starren
Blickes und hielt gewaltsam den Gram im Herzen verborgen.
Endlich erwidert er kurz: „Niemals will ich all die Verdienste,
die du, Fürstin, mir aufzählen kannst, dir irgend bestreiten,

promeritam nec me meminisse pigebit Elissae, 335
dum memor ipse mei, dum spiritus hos regit artus.
pro re pauca loquar. neque ego hanc abscondere furto
speravi — ne finge — fugam, nec coniugis umquam
praetendi taedas aut haec in foedera veni.
me si fata meis paterentur ducere vitam 340
auspiciis et sponte mea componere curas,
urbem Troianam primum dulcisque meorum
reliquias colerem, Priami tecta alta manerent
et recidiva manu posuissem Pergama victis.
sed nunc Italiam magnam Gryneus Apollo, 345
Italiam Lyciae iussere capessere sortes;
hic amor, haec patria est. si te Karthaginis arces
Phoenissam Libycaeque adspectus detinet urbis,
quae tandem Ausonia Teucros considere terra
invidia est? et nos fas extera quaerere regna. 350
me patris Anchisae, quotiens umentibus umbris
nox operit terras, quotiens astra ignea surgunt,
admonet in somnis et turbida terret imago,
me puer Ascanius capitisque iniuria cari,
quem regno Hesperiae fraudo et fatalibus arvis. 355
nunc etiam interpres divom Iove missus ab ipso
— testor utrumque caput — celeris mandata per auras
detulit; ipse deum manifesto in lumine vidi
intrantem muros vocemque his auribus hausi.
desine meque tuis incendere teque querellis: 360
Italiam non sponte sequor.'
   Talia dicentem iamdudum aversa tuetur
huc illuc volvens oculos totumque pererrat
luminibus tacitis et sic accensa profatur:
'nec tibi diva parens, generis nec Dardanus auctor, 365
perfide, sed duris genuit te cautibus horrens
Caucasus Hyrcanaeque admorunt ubera tigres.
nam quid dissimulo aut quae me ad maiora reservo?
num fletu ingemuit nostro, num lumina flexit,
num lacrimas victus dedit aut miseratus amantem est? 370

niemals soll mich's verdrießen, Elissas zu denken, solang ich
meiner bewußt bin, solange noch Geist diese Glieder durchwaltet.
Kurz nun erklär ich mein Tun: nicht wähnt' ich, verstohlen die Flucht hier
dir zu verbergen, — so darfst du nicht denken, — noch habe je ich
Anspruch auf Ehe gemacht oder kam, dies Bündnis zu schließen.
Ließe das Schicksal mich nach meinem Willen mein Leben
führen und ganz aus eigener Kraft meine Anliegen ordnen,
hielte ich Troja zuerst und der Meinen trautes Vermächtnis
fromm in Ehren, es ragten empor des Priamus Häuser,
hätte ich Pergamus selbst wieder neu erbaut den Besiegten.
Jetzt aber hieß mich Apollo von Grynium, hieß das Orakel
Lykiens mich nach Italien ziehn, in Italien bleiben;
dies ist Liebe, dies Heimat; wenn d i c h die Burgen Karthagos,
Tochter Phoeniziens, fesseln, der Blick auf die libysche Stadt hier,
warum dann der Neid, daß Teukrer im Lande Ausoniens
siedeln? Auch uns ist erlaubt, im Ausland Reiche zu suchen.
Stets, wenn Nacht die Lande umhüllt mit tauendem Dunkel,
wenn die Sterne erglühn, dann mahnt meines Vaters Anchises
Antlitz zürnend und schreckt mich im Traum; an Askanius denk ich
und an das Unrecht wider sein liebes Haupt: ich betrüge
ihn doch um Hesperiens Reich und das Land der Verheißung.
Jetzt aber brachte sogar der Bote der Götter, entsandt von
Juppiter selbst — so wahr wir leben — durch eilige Lüfte
Botschaft; sah ich doch selbst handgreiflichen Glanzes den Gott die
Mauern betreten, vernahm mit diesen Ohren die Stimme.
Reize nun mich und dich nicht weiter mit all deinen Klagen:
Nicht von mir aus such' ich Italien."
  So sprach er; doch sie schaut längst schon finster zur Seite,
hierhin wendend und dorthin die Augen, mustert von Kopf bis
Fuß ihn schweigenden Blicks, und so bricht los sie im Zorne:
„Nein, dich gebar keine Göttin, nicht Dardanus ist dein Ahnherr,
Treuloser, sondern dich zeugte der Kaukasus, starrend von hartem
Felsgestein; dir boten die Brust hyrkanische Tiger.
Denn was verhehl ich den Zorn oder warte auf schlimmere Kränkung?
Hat er bei meinem Weinen geseufzt, den Blick nur verändert,
zwang ihn zu Tränen mein Leid, zu Mitleid der Liebenden Elend?

quae quibus anteferam? iam iam nec maxima Iuno
nec Saturnius haec oculis pater adspicit aequis.
nusquam tuta fides. eiectum litore, egentem
excepi et regni demens in parte locavi,
amissam classem, socios a morte reduxi. 375
heu furiis incensa feror! nunc augur Apollo,
nunc Lyciae sortes. nunc et Iove missus ab ipso
interpres divom fert horrida iussa per auras.
scilicet is superis labor est, ea cura quietos
sollicitat. neque te teneo neque dicta refello: 380
i, sequere Italiam ventis, pete regna per undas.
spero equidem mediis, si quid pia numina possunt,
supplicia hausurum scopulis et nomine Dido
saepe vocaturum. sequar atris ignibus absens
et cum frigida mors anima seduxerit artus, 385
omnibus umbra locis adero. dabis inprobe poenas.
audiam et haec manis veniet mihi fama sub imos.'
his medium dictis sermonem abrumpit et auras
aegra fugit seque ex oculis avertit et aufert,
linquens multa metu cunctantem et multa volentem 390
dicere. suscipiunt famulae conlapsaque membra
marmoreo referunt thalamo stratisque reponunt.

  At pius Aeneas, quamquam lenire dolentem
solando cupit et dictis avertere curas,
multa gemens magnoque animum labefactus amore, 395
iussa tamen divom exsequitur classemque revisit.

[...]   Et iam prima novo spargebat lumine terras
Tithoni croceum linquens Aurora cubile. 585
regina e speculis ut primum albescere lucem
vidit et aequatis classem procedere velis
litoraque et vacuos sensit sine remige portus,
terque quaterque manu pectus percussa decorum
flaventisque abscissa comas 'pro Iuppiter, ibit 590
hic' ait 'et nostris inluserit advena regnis,
non arma expedient totaque ex urbe sequentur,
diripientque rates alii navalibus? ite,

Läßt sich dies überbieten? Doch nicht sieht Herrscherin Juno,
nicht der saturnische Vater gelassenen Blickes dies Unrecht.
Nirgend hat Treue noch Halt. Ich nahm den Gestrandeten, Armen,
bei mir auf und gab ihm — Törin! — Teil an der Herrschaft,
barg die verlorene Flotte und barg vom Tod die Gefährten.
Weh mir, besessen bin ich von Wut! Jetzt Seher Apollo,
jetzt ein lykisch Orakel, jetzt gar vom Juppiter selbst der
Bote der Götter bringt durch die Lüfte furchtbare Botschaft!
Freilich d a s macht Himmlischen Not, diese Sorge bewegt die
Ruhenden! Nein, ich halte dich nicht, widerlege dein Wort nicht:
Fort, nach Italien segle im Wind, such Reiche durch Wogen!
Ich aber hoffe, du wirst — wenn fromme Götter voll Macht sind —
reichlich büßen, von Klippen umdroht, wirst Dido beim Namen
oft noch rufen; in dunkler Glut dann nah ich, die Ferne,
und wenn eisiger Tod vom Leben trennte die Glieder,
bin allerorten als Schatten ich da; du, Frevler, wirst büßen.
Hören werde ich's, tief zu den Manen kommt diese Kunde."
Da bricht unvermittelt sie ab und flieht voller Gram nun
Luft und Licht, entzieht sich ganz den Augen der Menschen,
läßt ihn stehn, der ängstlich noch zaudert und vieles noch sagen
möchte; dienende Frauen empfangen sie, tragen die jäh in
Ohnmacht Gesunkne ins Marmorgemach und betten sie zärtlich.

Aber wenngleich sich Aeneas gedrängt fühlt, tröstend ihr Leid zu
lindern und Kummer und Gram mit freundlichem Wort zu verscheuchen,
wenn er auch seufzt, schon wankend gemacht durch den Ansturm der Liebe,
handelt er fromm doch nach Göttergeheiß und mustert die Flotte. [...]

Schon besprengte Aurora mit jungem Lichte die Lande,
früh des Tithonus safranfarbenes Lager verlassend.
Als vom Wartturm die Fürstin nun sah, wie der Morgen schon lichter
wurde und wie die Flotte nun, Segel bei Segel, dahinfuhr,
als den Strand sie bemerkte, von Ruderern leer ihre Häfen,
schlug die schöne Brust mit der Faust sie dreimal und viermal,
raufte die blonden Haare und rief: „Beim Juppiter, soll denn
wirklich der Fremde dort ziehn, nachdem meiner Macht er gespottet?
Rüstet man Waffen nicht gleich und drängt ihm nach aus der ganzen
Stadt, reißen andere nicht von der Werft die Schiffe? So geht doch,

ferte citi flammas, date tela, inpellite remos!
quid loquor, aut ubi sum? quae mentem insania mutat, 595
infelix Dido, nunc te facta inpia tangunt?
tum decuit, cum sceptra dabas. en dextra fidesque,
quem secum patrios aiunt portare penates,
quem subiisse umeris confectum aetate parentem!
non potui abreptum divellere corpus et undis 600
spargere, non socios, non ipsum absumere ferro
Ascanium patriisque epulandum ponere mensis?
verum anceps pugnae fuerat fortuna. fuisset:
quem metui moritura? faces in castra tulissem
inplessemque foros flammis natumque patremque 605
cum genere exstinxem, memet super ipsa dedissem.
Sol, qui terrarum flammis opera omnia lustras,
tuque harum interpres curarum et conscia Iuno
nocturnisque Hecate triviis ululata per urbes,
et Dirae ultrices et di morientis Elissae, 610
accipite haec meritumque malis advertite numen
et nostras audite preces. si tangere portus
infandum caput ac terris adnare necesse est
et sic fata Iovis poscunt, hic terminus haeret:
at bello audacis populi vexatus et armis, 615
finibus extorris, complexu avolsus Iuli
auxilium imploret videatque indigna suorum
funera; nec, cum se sub leges pacis iniquae
tradiderit, regno aut optata luce fruatur,
sed cadat ante diem mediaque inhumatus harena. 620
haec precor, hanc vocem extremam cum sanguine fundo.
tum vos, o Tyrii, stirpem et genus omne futurum
exercete odiis cinerique haec mittite nostro
munera: nullus amor populis nec foedera sunto.
exoriare aliquis nostris ex ossibus ultor, 625
qui face Dardanios ferroque sequare colonos,
nunc, olim, quocumque dabunt se tempore vires.
litora litoribus contraria, fluctibus undas
imprecor, arma armis: pugnent ipsique nepotesque.'

werft doch Flammen geschwind und Geschosse und stürzt an die Ruder.
Ach, was red' ich, wo bin ich? Wie wandelt den Sinn mir der Wahnwitz.
Dido, heillose, jetzt macht ruchlos Tun dich betroffen?
Da war's am Platz, als Macht du ihm gabst. O, Treue und Glauben!
Dieser trägt, so heißt es, mit sich die heimischen Götter,
dieser bot dem Vater, dem altersschwachen, die Schultern!
Konnt' ich nicht greifen, zerreißen den Leib und über die Wogen
streuen, nicht die Gefährten, Askanius selbst mit dem Schwert nicht
treffen und dann dem Vater zum Schmaus anbieten beim Mahle?
Zweifelhaft blieb zwar des Kampfes Erfolg. Doch wenn auch! Wen sollt' ich,
todbereit, fürchten? Brand hätte ich in die Flotte geschleudert,
Schiffsraum mit Flammen erfüllt und Sohn und Vater mit all der
Brut vertilgt, wär selbst obendrein ins Feuer gesprungen.
Sol, der du all das Treiben auf Erden flammend durchmusterst,
du auch, Juno, Mittlerin du dieses Grames und Zeugin,
Hekate, nachts in den Städten am Kreuzweg mit Heulen verehrte,
Rachegöttinnen ihr, ihr Götter der sterbenden Dido,
seht, wie ich leide, und schenkt meiner Qual den Schutz, den ihr schuldet,
und erhöret mein Flehn. Soll wirklich zum Hafen gelangen
dieses verruchte Haupt und sicher landen und fordern
Juppiters Schicksalssprüche es so, bleibt d i e s doch die Grenze:
heimgesucht von Krieg und Waffen verwegenen Volkes,
fern vom Lande verbannt, der Umarmung entrissen des Julus,
soll um Hilfe er flehn und sehn unwürdigen Tod der
Seinen: und wenn er sich auch eines harten Friedens Gesetzen
beugte, so soll er doch nimmer des Reichs und des Lebens genießen,
falle vielmehr vor der Zeit ohne Grab inmitten des Sandes.
Darum bitt' ich, verströme zuletzt dies Wort mit dem Blute.
Dann aber, Tyrier, quält diese Brut und in Zukunft den ganzen
Stamm mit Haß und schickt meiner Asche dieses als Gabe:
nie soll Liebe die Völker vereinen und nimmer ein Bündnis!
Wachse doch, wer du auch seist, aus unsern Gebeinen, du Rächer,
der du mit Feuer und Schwert heimsuchst dardanische Siedler
jetzt oder einst, wann immer zur Zeit die Kräfte bereit sind.
Strand sei Gegner dem Strand, und Woge der Woge, so bitt' ich,
Waffen den Waffen, und Kampf entzweie sie selbst und die Enkel!"

LIBER IV

Haec ait, et partis animum versabat in omnis, 630
invisam quaerens quam primum abrumpere lucem.
tum breviter Barcen nutricem adfata Sychaei,
— namque suam patria antiqua cinis ater habebat —
'Annam, cara mihi nutrix, huc siste sororem;
dic corpus properet fluviali spargere lympha 635
et pecudes secum et monstrata piacula ducat.
sic veniat, tuque ipsa pia tege tempora vitta.
sacra Iovi Stygio, quae rite incepta paravi,
perficere est animus finemque inponere curis
Dardaniique rogum capitis permittere flammae.' 640
sic ait, illa gradum studio celerabat anili.
at trepida et coeptis inmanibus effera Dido,
sanguineam volvens aciem maculisque trementis
interfusa genas et pallida morte futura,
interiora domus inrumpit limina et altos 645
conscendit furibunda rogos ensemque recludit
Dardanium, non hos quaesitum munus in usus.
hic, postquam Iliacas vestes notumque cubile
conspexit, paulum lacrimis et mente morata,
incubuitque toro dixitque novissima verba: 650
'dulces exuviae, dum fata deusque sinebat,
accipite hanc animam meque his exsolvite curis.
vixi et quem dederat cursum Fortuna peregi,
et nunc magna mei sub terras ibit imago.
urbem praeclaram statui, mea moenia vidi, 655
ulta virum poenas inimico a fratre recepi,
felix, heu nimium felix, si litora tantum
numquam Dardaniae tetigissent nostra carinae.'
dixit et os inpressa toro 'moriemur inultae,
sed moriamur' ait, 'sic, sic iuvat ire sub umbras. 660
hauriat hunc oculis ignem crudelis ab alto
Dardanus, et nostrae secum ferat omina mortis.'
dixerat, atque illam media inter talia ferro
conlapsam adspiciunt comites ensemque cruore

Rief es und ließ überall nun schweifen des Herzens Gedanken,
trachtend, möglichst bald das verhaßte Leben zu enden.
Kurz dann sprach sie zu Barke, der Amme des Gatten Sychaeus,
— denn ihre eigene lag in der alten Heimat begraben —:
„Liebe Amme, geh hin und hol mir Anna, die Schwester,
sag, sie möge mit Flußwasser schnell ihren Körper besprengen,
Tiere und Sühnopfer, die ihr gezeigt, mitbringen. Nur so soll
wieder sie kommen! Du decke die Schläfen mit heiliger Binde,
Opfer dem Unterweltsgott, die gültig schon ich begonnen,
will ich vollbringen und will meinem Gram ein Ende nun setzen,
will den Scheiterhaufen des Dardanerhauptes entzünden."
Also sprach sie, und gleich eilt mühsam von dannen die Alte.
Dido jedoch voller Hast, verstört vom grausigen Vorsatz,
flackernden, blutunterlaufenen Blicks, die zitternden Wangen
fleckig verfärbt und leichenblaß vom nahenden Tode,
stürzt in des Hauses inneren Hof, besteigt dort den hohen
Holzstoß, ganz vom Wahnsinn gepackt, und zieht jetzt das Schwert des
Dardaners, sein Geschenk, zu solchem Gebrauch nicht erbeten.
Als die Gewänder aus Ilium jetzt und das innig vertraute
Lager sie sah, versank sie kurz in Tränen und Sinnen,
warf sich dann übers Bett und sprach ihre letzten Worte:
„O ihr Gewänder, mir lieb, als Schicksal und Gottheit es zuließ,
nehmet dies Leben jetzt auf und erlöst mich vom Leid meiner Liebe.
Habe gelebt und den Lauf, den Fortuna verliehen, vollendet,
unter die Erde wird jetzt erhaben wandeln mein Abbild.
Ich erbaute die herrliche Stadt, ich sah meine Mauern,
rächte den Gatten und ließ schwer büßen den feindlichen Bruder,
glücklich, ach, zu glücklich nur, wenn an unserem Strande
niemals wäre die Flotte des Dardanervolkes gelandet."
Stöhnte und preßte ins Kissen den Mund: „Ich sterbe ohn' Rache,
will aber sterben: So! so gehe ich gern zu den Schatten.
Weide der grausame Dardaner nur vom Meere an diesem
Brande den Blick, stets schwebe um ihn das Bild meines Todes."
Und noch während der Worte sehn ihre Frauen sie jäh zu
Boden gesunken vom Stoß des Eisens, sehen vom Blute

spumantem sparsasque manus. it clamor ad alta 665
atria; concussam bacchatur Fama per urbem.

VI

Continuo auditae voces vagitus et ingens
infantumque animae flentes, in limine primo
quos dulcis vitae exsortis et ab ubere raptos
abstulit atra dies et funere mersit acerbo.
hos iuxta falso damnati crimine mortis. 430
nec vero hae sine sorte datae, sine iudice sedes:
quaesitor Minos urnam movet, ille silentum
consiliumque vocat vitasque et crimina discit.
proxima deinde tenent maesti loca, qui sibi letum
insontes peperere manu lucemque perosi 435
proiecere animas. quam vellent aethere in alto
nunc et pauperiem et duros perferre labores!
fas obstat, tristisque palus inamabilis undae
alligat et novies Styx interfusa coercet.
nec procul hinc partem fusi monstrantur in omnem 440
lugentes campi: sic illos nomine dicunt.
hic quos durus amor crudeli tabe peredit,
secreti celant calles et myrtea circum
silva tegit; curae non ipsa in morte relinquont.
his Phaedram Procrinque locis maestamque Eriphylen 445
crudelis nati monstrantem volnera cernit
Euadnenque et Pasiphaën; his Laodamia
it comes et iuvenis quondam, nunc femina, Caeneus,
rursus et in veterem fato revoluta figuram.
inter quas Phoenissa recens a volnere Dido 450
errabat silva in magna. quam Troïus heros
ut primum iuxta stetit adgnovitque per umbras
obscuram, qualem primo qui surgere mense
aut videt aut vidisse putat per nubila lunam,

schäumen das Schwert und die Hände bespritzt; zum hohen Palast dringt
Klage, Fama rast durch die tiefererschütterte Stadt hin.

6

Gleich ward Stimmengewirr rings laut, ein klägliches Wimmern,
weinende Kinderseelen: Enterbte des lieblichen Lebens,
raffte sie gleich an der Schwelle und fort von der nährenden Brust der
düstere Tag und ließ sie im bitteren Tode versinken.
Dicht neben ihnen sind die fälschlich zum Tode Verdammten.
Hier aber ward ihnen nicht ihr Platz ohne Wahl, ohne Richter:
Minos als Vorsitzer schüttelt die Urne, wählt sich den stillen
Rat des Gerichts und prüft verhörend Leben und Leumund.
Anschließend wohnen sodann voll Trauer, die ohne Verschulden
Tod sich gaben mit eigener Hand, aus Ekel am Licht ihr
Leben von sich warfen; wie gern jetzt würden sie droben
unter dem Himmel Armut ertragen und drückende Mühsal.
Götterspruch wehrt es, der widrige Pfuhl der Wasser des Grames
hemmt sie, es hält sie der Styx mit neunfach wehrender Windung.
Nicht gar weit von hier, nach überallhin sich dehnend
liegen die Trauergefilde: so heißen sie drunten mit Namen.
Einsame Pfade verbergen hier alle die, denen harte
Liebe grausam zehrte am Mark, es birgt sie ein Wald von
Myrtenbäumen: doch will sie ihr Gram selbst im Tod nicht verlassen.
Phaedra sieht er und Prokris hier, er sieht Eriphyle,
trauernd zeigt sie die Wunden, die grausam der Sohn ihr geschlagen.
Auch Euadne ist hier und Pasiphaë; Laodamia
mit ihnen, Kaeneus auch, ein Mann einst, jetzt aber wieder
Weib, in die alte Gestalt vom Schicksal wieder verwandelt.
Mit ihnen schweifte, erst jüngst ihrer Wunde erlegen, Phoenikiens
Dido im weiten Wald; sobald der trojanische Held ihr
nahe gekommen war und die von Schatten Umwogte
also erkannte, wie einer zu Monats Anfang den Mond durch
Wolken steigen sieht oder wähnt, ihn gesehen zu haben,

demisit lacrimas dulcique adfatus amore est: 455
'infelix Dido, verus mihi nuntius ergo
venerat exstinctam ferroque extrema secutam;
funeris heu tibi causa fui; per sidera iuro,
per superos et si qua fides tellure sub ima est:
invitus, regina, tuo de litore cessi. 460
sed me iussa deum, quae nunc has ire per umbras,
per loca senta situ cogunt noctemque profundam,
imperiis egere suis; nec credere quivi
hunc tantum tibi me discessu ferre dolorem.
siste gradum teque adspectu ne subtrahe nostro. 465
quem fugis? extremum fato, quod te adloquor, hoc est.
talibus Aeneas ardentem et torva tuentem
lenibat dictis animum lacrimasque ciebat.
illa solo fixos oculos aversa tenebat
nec magis incepto voltum sermone movetur, 470
quam si dura silex aut stet Marpesia cautes.
tandem corripuit sese atque inimica refugit
in nemus umbriferum, coniunx ubi pristinus illi
respondet curis aequatque Sychaeus amorem.
nec minus Aeneas, casu concussus iniquo, 475
prosequitur lacrimis longe et miseratur euntem.

[...]   At pater Anchises penitus convalle virenti
inclusas animas superumque ad lumen ituras 680
lustrabat studio recolens omnemque suorum
forte recensebat numerum, carosque nepotes
fataque fortunasque virum moresque manusque.
isque ubi tendentem adversum per gramina vidit
Aenean, alacris palmas utrasque tetendit, 685
effusaeque genis lacrimae et vox excidit ore:
'venisti tandem tuaque exspectata parenti
vicit iter durum pietas, datur ora tueri,
nate, tua et notas audire et reddere voces.
sic equidem ducebam animo rebarque futurum 690
tempora dinumerans, nec me mea cura fefellit.
quas ego te terras et quanta per aequora vectum

ließ er rinnen die Tränen und sprach voll zärtlicher Liebe:
„Unglückselige Dido, so ist sie wahr, jene Kunde,
tot seist du und habest durchs Schwert dein Leben geendet.
Grund deines Todes — o Schmerz! — war i c h : beim Sternenlicht schwör
bei den Himmlischen und so wahr in den Tiefen ein Wort gilt: [ich,
Wider Willen, o Königin, schied ich von deinem Gestade.
Aber der Götter Befehle, die jetzt mich zwingen, zu wandern
hier durch Schatten, durch Modergefild und nächtige Tiefen,
trieben durch ihre Macht mich fort; auch konnt' ich nicht glauben,
durch mein Scheiden dir je solchen Schmerz zu bereiten.
Bleib doch! Entziehe dich nicht meinem Blick! Vor wem nur entfliehst du?
Hier dich zu sprechen vergönnt zum letzten Male das Schicksal."
Also versuchte Aeneas, den Zorn ihres Herzens zu mildern
und ihren stieren Blick; ihm rannen ständig die Tränen.
Sie aber abgewandt, hielt starr am Boden die Blicke,
ebenso wenig rührt beim Beginn des Gesprächs sich ihr Antlitz,
wie wenn harter Stein oder Bildnis stünde von Marmor.
Schließlich wandte sie schroff sich ab und flüchtete feindlich
wieder zum schattigen Hain; Sychaeus, der einst ihr Gemahl war,
teilt ihren Gram und kommt ihr gleich an inniger Liebe.
Doch auch Aeneas, vom harten Geschick im Herzen erschüttert,
schaut mit Tränen weit ihr nach und beklagt ihren Hingang.   [...]

Vater Anchises musterte eifrig indessen die Seelen,
die das grünende Tal umschloß und die auf dem Weg schon
waren zum Lichte der oberen Welt; er prüfte gerade
all der Seinen Zahl, die teuren Enkel, der Männer
Schicksalsziel und Zufallswandel, Wesen und Wirken.
Als aber jetzt den Aeneas er sah, der ihm gegenüber
eilte durchs Grün, da streckte er lebhaft aus seine Hände,
Tränen rannen die Wangen herab und es trieb ihn zum Worte:
„Endlich bist du da, deine Liebe, erwartet vom Vater,
zwang den harten Weg; ich darf nun schauen dein Antlitz,
Sohn, darf hören vertrautes Wort und darf es erwidern.
Hab doch im Herzen geglaubt und gewußt, so werde es kommen,
zählte die Tage mir ab: nicht hat mich mein Sehnen betrogen.
Welche Lande und was für Meere durchfuhrest du, daß ich

accipio, quantis iactatum, nate, periclis!
quam metui, ne quid Libyae tibi regna nocerent!'
ille autem 'tua me, genitor, tua tristis imago   695
saepius occurrens haec limina tendere adegit;
stant sale Tyrrheno classes. da iungere dextram,
da, genitor, teque amplexu ne subtrahe nostro.'
sic memorans largo fletu simul ora rigabat.
ter conatus ibi collo dare bracchia circum,   700
ter frustra comprensa manus effugit imago,
par levibus ventis volucrique simillima somno.
  Interea videt Aeneas in valle reducta
seclusum nemus et virgulta sonantia silvae
Lethaeumque domos placidas qui praenatat amnem.   705
hunc circum innumerae gentes populique volabant,
ac velut in pratis ubi apes aestate serena
floribus insidunt variis et candida circum
lilia funduntur, strepit omnis murmure campus.
horrescit visu subito causasque requirit   710
inscius Aeneas, quae sint ea flumina porro,
quive viri tanto complerint agmine ripas.
tum pater Anchises 'animae, quibus altera fato
corpora debentur, Lethaei ad fluminis undam
securos latices et longa oblivia potant.   715
has equidem memorare tibi atque ostendere coram
iampridem hanc prolem cupio enumerare meorum,
quo magis Italia mecum laetere reperta.'
'o pater, anne aliquas ad caelum hinc ire putandum est
sublimis animas iterumque ad tarda reverti   720
corpora? quae lucis miseris tam dira cupido?'
'dicam equidem nec te suspensum, nate, tenebo'
suscipit Anchises atque ordine singula pandit.
'principio caelum ac terras, camposque liquentis
lucentemque globum Lunae Titaniaque astra   725
spiritus intus alit totamque infusa per artus
mens agitat molem et magno se corpore miscet.

dich nun habe, wie trafen, mein Sohn, dich große Gefahren!
Wie hatt' ich Angst, es möchten dir Libyens Reiche doch schaden!"
Da sprach Aeneas: „Dein trauernd Bild, mein Vater, ist oft und
oft mir begegnet und trieb mich zu dieser Schwelle; die Flotte
liegt im Tyrrhenischen Meer; laß, Vater, laß deine Hand mich
fassen, entziehe dich, Vater, doch nicht der Umarmung des Sohnes."
Also sprach er und Ströme von Tränen netzten sein Antlitz.
Dreimal versuchte er, ihm um den Nacken die Arme zu schlingen,
dreimal, vergeblich umarmt, entrann das Bild seinen Händen,
leicht wie Windhauch, ähnlich durchaus dem flüchtigen Traumbild.
   Nun bemerkt Aeneas im Hintergrunde des Tales,
abgetrennt, einen Hain und rauschende Büsche des Waldes,
sieht den Lethestrom, der an friedlichen Stätten vorbeifließt.
Rings den Fluß umwimmeln unzählige Stämme und Völker;
und wie wenn auf Wiesen im heiteren Sommer die Bienen
schweben auf bunten Blumen, auf schimmernden Lilien rings sich
niederlassen, so schwirrt und surrt allum das Gefilde.
Schaudernd steht bei der plötzlichen Sicht und fragt nach den Gründen
ahnungslos Aeneas, was das für Ströme dort ferne
seien und was für Männer, die dicht umdrängten die Ufer.
Da sprach Vater Anchises: „Die Seelen, denen das Schicksal
neue Verkörperung schuldet, sie trinken an Lethes Gewässern
sorgenlösendes Naß und langes, tiefes Vergessen.
Dir von diesen zu sagen und dir sie vor Augen zu zeigen,
drängt es mich längst, dir aufzuzählen den Nachwuchs der Meinen,
daß um so mehr du mit mir des entdeckten Italien froh wirst."
„Vater, so muß man denn glauben, es steigen Seelen von hier nach
droben zum Himmel und kehren zum zweiten Male zu trägen
Körpern? Welch heilloses Verlangen zum Licht packt also die Armen?"
„Sohn, das will ich erklären und nicht im Zweifel dich lassen",
spricht Anchises, erschließt ihm der Reihe nach Wesen um Wesen.
„Himmel und Erde zunächst, des Meeres Wogengefilde
und die leuchtende Kugel des Monds und die riesige Sonne
nährt von innen der Geist und gliederdurchflutend bewegt sein
Walten den Weltenbau, vermählt sich dem mächtigen Leibe.

inde hominum pecudumque genus vitaeque volantum
et quae marmoreo fert monstra sub aequore pontus.
igneus est ollis vigor et caelestis origo   730
seminibus, quantum non noxia corpora tardant
terrenique hebetant artus moribundaque membra.
hinc metuunt cupiuntque, dolent gaudentque, neque auras
dispiciunt, clausae tenebris et carcere caeco.
quin et supremo cum lumine vita reliquit,   735
non tamen omne malum miseris nec funditus omnes
corporeae excedunt pestes, penitusque necesse est
multa diu concreta modis inolescere miris.
ergo exercentur poenis veterumque malorum
supplicia expendunt. aliae panduntur inanes   740
suspensae ad ventos, aliis sub gurgite vasto
infectum eluitur scelus aut exuritur igni,
quisque suos patimur manis; exinde per amplum
mittimur Elysium et pauci laeta arva tenemus,
donec longa dies, perfecto temporis orbe,   745
concretam exemit labem purumque relinquit
aetherium sensum atque aurai simplicis ignem.
has omnis, ubi mille rotam volvere per annos,
Lethaeum ad fluvium deus evocat agmine magno,
scilicet inmemores supera ut convexa revisant   750
rursus et incipiant in corpora velle reverti.'
  Dixerat Anchises natumque unaque Sibyllam
conventus trahit in medios turbamque sonantem
et tumulum capit, unde omnis longo ordine posset
adversos legere et venientum discere voltus.   755
  'Nunc age, Dardaniam prolem quae deinde sequatur
gloria, qui maneant Itala de gente nepotes,
inlustris animas nostrumque in nomen ituras,
expediam dictis et te tua fata docebo.
ille — vides — pura iuvenis qui nititur hasta,   760
proxima sorte tenet lucis loca, primus ad auras
aetherias Italo commixtus sanguine surget,
Silvius, Albanum nomen, tua postuma proles,

Hieraus stammen Menschen und Vieh und das Leben der Vögel
und was an Wesen der Ozean birgt unter marmornem Spiegel.
Feuers Urkraft lebt und himmlischer Ursprung in jenen
Keimen, soweit nicht Schwächen der Leiber lastend sie hemmen,
irdisch Gelenk nicht stumpf sie macht mit sterblichen Gliedern.
Daher fürchten, verlangen und leiden und freuen sie sich, ihr
Blick dringt nicht durch die Lüfte; sie hausen im finsteren Kerker.
Ja, selbst wenn mit letztem Blick das Leben dahinschied,
weicht nicht jegliches Übel den Armen, weichen nicht alle
Seuchen des Körpers von Grund aus fort, denn, lange und tief den
Seelen verwachsen, bleibt noch viel erstaunlich verwurzelt.
Daher suchen Peinen sie heim; für frühere Sünden
büßen Strafen sie ab: breit hangen die einen im leeren
Windraum schwebend gereckt, den anderen wird über wüsten
Wassern der Schandfleck getilgt oder ausgebrannt durch Feuer.
Wir erleiden je eigenes Wesen; dann aber werden
wir durch Elysiums Weite gesandt und bewohnen, ein paar nur,
Fluren der Wonne, bis lang-lange Frist, wenn erfüllet die Zeit ist,
eingewachsenen Makel tilgt und lauter zurückläßt
äthergeborenen Sinn und einfachen Lichthauchs Feuer.
Alle hier, wenn sie ihr Rad durch tausend Jahre hin wälzten,
ruft zu Lethes Strom der Gott in mächtiger Heerschar:
denn sie sollen erinnerungslos die obere Wölbung
wiedersehen, gewillt zurückzukehren in Körper."
　Also sprach Anchises und zog mit dem Sohn die Sibylle
mitten in die Versammlung hinein und die summende Menge,
nahm einen Hügel, von wo in langen Reihen von vorne
alle er mustern könne und kennen der Kommenden Antlitz.
　„Nun denn, künden will ich des Dardanernachwuchses Zukunfts-
ruhm, die Enkel, die uns aus Italerstamme einst bleiben,
strahlende Seelen, bestimmt, einst unseren Namen zu tragen,
künden will ich's im Wort und deine Sendung dich lehren.
Sieh, jener Jüngling, der auf die Ehrenlanze sich aufstützt,
steht durchs Los dem Lichte zunächst, als erster zu Äthers
Lüften steigt er hinan, trägt Italerblut in den Adern,
Silvius, Name albanischer Art, deiner Nachkommen letzter,

quem tibi longaevo serum Lavinia coniunx
educet silvis regem regumque parentem, 765
unde genus Longa nostrum dominabitur Alba.
proximus ille Procas, Troianae gloria gentis,
et Capys et Numitor et qui te nomine reddet
Silvius Aeneas, pariter pietate vel armis
egregius, si umquam regnandam acceperit Albam. 770
qui iuvenes, quantas ostentant — adspice — viris,
atque umbrata gerunt civili tempora quercu.
hi tibi Nomentum et Gabios urbemque Fidenam,
hi Collatinas inponent montibus arces,
Pometios Castrumque Inui Bolamque Coramque: 775
haec tum nomina erunt, nunc sunt sine nomine terrae.
quin et avo comitem sese Mavortius addet
Romulus, Assaraci quem sanguinis Ilia mater
educet. viden ut geminae stant vertice cristae
et pater ipse suo superum iam signat honore? 780
en huius, nate, auspiciis illa incluta Roma
imperium terris, animos aequabit Olympo
septemque una sibi muro circumdabit arces,
felix prole virum: qualis Berecyntia mater
invehitur curru Phrygias turrita per urbes, 785
laeta deum partu, centum complexa nepotes,
omnis caelicolas, omnis supera alta tenentis.
huc geminas nunc flecte acies, hanc adspice gentem
Romanosque tuos; hic Caesar et omnis Iuli
progenies, magnum caeli ventura sub axem. 790
hic vir hic est, tibi quem promitti saepius audis,
Augustus Caesar, Divi genus, aurea condet
saecula qui rursus Latio regnata per arva
Saturno quondam, super et Garamantas et Indos
proferet imperium — iacet extra sidera tellus, 795
extra anni solisque vias, ubi caelifer Atlas
axem umero torquet stellis ardentibus aptum —:
huius in adventum iam nunc et Caspia regna
responsis horrent divom et Maeotia tellus

SECHSTES BUCH

den dir Hochbejahrtem noch spät die Gemahlin Lavinia
aufziehen wird in Wäldern zum Herrscher und Vater von Herrschern;
durch ihn wird unser Stamm in Alba Longa regieren.
Procas folgt als nächster, der Ruhm trojanischen Volkes,
Capys und Numitor dann und Aeneas Silvius, der ja
deinen Namen erneut, an Sohnesliebe und Kriegsruhm
gleich berühmt, wenn erst über Alba die Herrschaft er antritt.
Was für Jünglinge — sieh nur! — und was für Kräfte sie zeigen,
Bürgerkrone aus Eichenlaub umschattet die Schläfen.
Die hier gründen Nomentum und Gabii dir und Fidenae,
die da türmen auf Bergeshöhn Collatias Burgen,
gründen Pometii, Castrum Inui, Bola und Cora:
künftig Namen von Klang, jetzt Landstriche noch ohne Namen.
Ja, als Gefolgsmann wird sich dem Ahn gesellen der Marssohn
Romulus; ihn erzieht aus Assarakus Blute die Mutter
Ilia. Siehst du, wie doppelt der Helmbusch ihm ragt auf dem Scheitel,
wie ihn mit eigener Ehre schon ziert der Vater der Götter?
Sohn, unter seinen Auspicien dehnt die erhabene Roma
erdkreisfüllend ihr Reich, hebt Heldenadel zum Himmel;
sieben Burgen umfaßt die e i n e im Ring ihrer Mauer,
fruchtbar gesegnet mit Helden: so fährt vom Berg Berekynthus
Kybele turmgekrönt im Wagen durch Phrygiens Städte,
stolz, da sie Götter gebar, umarmend hundert von Enkeln,
alle Himmelsbewohner, hoch droben thronen sie alle.
Hierhin wende du jetzt deinen Blick, schau an dieses Volk hier,
deine Römer: Caesar ist hier und des Julus gesamte
Nachkommenschaft, die einst aufsteigt zum Himmelsgewölbe.
Der aber hier ist der Held, der oft und oft dir verheißen,
Caesar Augustus, der Sproß des Göttlichen. Goldene Weltzeit
bringt er wieder für Latiums Flur, wo einstens Saturnus
herrschte, er dehnt sein Reich, wo fern Garamanten und Inder
wohnen, und weiter — dies Land liegt außerhalb unserer Sterne,
außer der Sonne jährlicher Bahn, wo Atlas, des Himmels
Träger, die Wölbung dreht, die strahlt von funkelnden Sternen.
Seine Ankunft fürchten schon jetzt die kaspischen Reiche,
schaudernd vor Götterorakel, es zittern Skythiens Lande,

et septemgemini turbant trepida ostia Nili. 800
nec vero Alcides tantum telluris obivit,
fixerit aeripedem cervam licet aut Erymanthi
pacarit nemora et Lernam tremefecerit arcu;
nec qui pampineis victor iuga flectit habenis
Liber agens celso Nysae de vertice tigris. 805
et dubitamus adhuc virtutem extendere factis
aut metus Ausonia prohibet consistere terra?
quis procul ille autem ramis insignis olivae
sacra ferens? nosco crinis incanaque menta
regis Romani, primam qui legibus urbem 810
fundabit, Curibus parvis et paupere terra
missus in imperium magnum. cui deinde subibit
otia qui rumpet patriae residesque movebit
Tullus in arma viros et iam desueta triumphis
agmina. quem iuxta sequitur iactantior Ancus, 815
nunc quoque iam nimium gaudens popularibus auris.
vis et Tarquinios reges animamque superbam,
ultoris Bruti fascesque videre receptos?
consulis imperium hic primus saevasque secures
accipiet, natosque pater nova bella moventis 820
ad poenam pulchra pro libertate vocabit,
infelix, utcumque ferent ea facta minores:
vincet amor patriae laudumque inmensa cupido.
quin Decios Drusosque procul saevomque securi
adspice Torquatum et referentem signa Camillum. 825
illae autem, paribus quas fulgere cernis in armis,
concordes animae nunc et dum nocte premuntur.
heu quantum inter se bellum, si lumina vitae
attigerint, quantas acies stragemque ciebunt,
aggeribus socer Alpinis atque arce Monoeci 830
descendens, gener adversis instructus Eois.
ne, pueri, ne tanta animis adsuescite bella
neu patriae validas in viscera vertite viris;
tuque prior, tu parce, genus qui ducis Olympo:

SECHSTES BUCH

bebend bangt die Flut des siebenarmigen Niles.
Herkules sah nicht so viel Land, auch wenn er die Hirschkuh
traf, das Tier mit den Hufen von Erz, oder wenn Erymanthus'
Wald er befriedet und Lerna erschüttert durch seinen Bogen,
Bakchus nicht, der als Sieger an weinlaubgrünenden Zügeln
lenkte sein Tigergespann von Nysas ragendem Gipfel.
Und wir zögern, der Mannheit Raum zu schaffen durch Taten?
Oder hindert uns Furcht, Ausoniens Land zu besiedeln?
Wer aber trägt dort fern, gekränzt mit den Zweigen des Ölbaums,
Opfergut? Ich erkenne das Haar und den grauweißen Bart des
Römerkönigs, der die erste Stadt durch Gesetze
festigen wird, entsandt vom kleinen Cures aus armem
Land zu erhabenem Amt; ihm folgt als nächster dann Tullus,
der die Ruhe des Vaterlands bricht und wieder zu Waffen
müßige Mannen und Heere bewegt, die schon der Triumphe
ganz entwöhnt. Dort neben ihm folgt, zu prahlerisch, Ankus,
der schon jetzt an Volkes Gunst zu freudig sich weidet.
Willst du auch sehn der Tarquinierfürsten stolzes Gebaren
und die Macht, die Brutus, der Rächer, wiedererobert?
Konsulsgewalt wird e r als erster empfangen und scharfe
Beile, der Vater wird einst die aufruhrstiftenden Söhne
strafen müssen zum Schutz der jungen, strahlenden Freiheit,
unglückselig, mag seine Tat auch rühmen die Nachwelt:
Vaterlandsliebe jedoch triumphiert und maßlose Ruhmgier.
Decier sieh und Druser seitab, Torquatus, der streng des
Beiles Schärfe gezückt, und den Retter der Banner, Camillus.
Jene jedoch, die dort in gleichen Waffen erstrahlen,
Seelen in Eintracht jetzt, solange sie weilen im Dunkel,
weh aber, welchen Krieg miteinander, wenn sie des Lebens
Licht erst sehen, welch ein Blutbad werden sie bringen,
wenn von den Alpen der Schwäher steigt, von der Burg des Monoekus,
während sein Eidam im Osten zum Kampfe richtet die Heerschar.
Nimmer gewöhnt an solchen Krieg, o Söhne, die Herzen,
kehrt nicht gegen des Vaterlands Leib die wehrhaften Kräfte.
Du aber schone als erster, du Sproß des hehren Olympus,

proice tela manu, sanguis meus! 835
ille triumphata Capitolia ad alta Corintho
victor aget currum, caesis insignis Achivis;
eruet ille Argos Agamemnoniasque Mycenas
ipsumque Aeaciden, genus armipotentis Achilli,
ultus avos Troiae, templa et temerata Minervae. 840
quis te, magne Cato, tacitum aut te, Cosse, relinquat,
quis Gracchi genus aut geminos, duo fulmina belli,
Scipiadas, cladem Libyae, parvoque potentem
Fabricium vel te sulco, Serrane, serentem?
quo fessum rapitis, Fabii? tun Maximus ille es, 845
unus qui nobis cunctando restituis rem?
excudent alii spirantia mollius aera —
credo equidem — vivos ducent de marmore voltus;
orabunt causas melius caelique meatus
describent radio et surgentia sidera dicent: 850
tu regere imperio populos, Romane, memento —
haec tibi erunt artes — pacique inponere morem,
parcere subiectis et debellare superbos.'

VII

Aeneas primique duces et pulcher Iulus
corpora sub ramis deponunt arboris altae
instituuntque dapes et adorea liba per herbam
subiciunt epulis — sic Iuppiter ipse monebat — 110
et Cereale solum pomis agrestibus augent.
consumptis hic forte aliis ut vertere morsus
exiguam in Cererem penuria adegit edendi
et violare manu malisque audacibus orbem
fatalis crusti patulis nec parcere quadris: 115
'heus, etiam mensas consumimus' inquit Iulus,
nec plura adludens. ea vox audita laborum
prima tulit finem primamque loquentis ab ore

wirf aus der Hand das Geschoß, du mein Blut!
Zum Kapitol im Triumph, wenn Korinth gefallen, wird der dort
lenken als Sieger den Wagen, berühmt durch den Tod der Achiver.
D e r wirft Argos in Staub, Agamemnons Mykene und selbst den
Aiakosenkel, den Sproß des waffenstarken Achilles,
rächt so Trojas Ahnen und Pallas' geschändeten Tempel.
Großer Cato, wer darf dich verschweigen, oder dich, Cossus,
wer der Gracchen Geschlecht, die zwei Skipionen, des Krieges
Blitze beide und Libyens Fall, und wer den in Armut
starken Fabricius, wer den schlichten Sämann Serranus?
Fabier, sagt, wohin rafft ihr mich Müden? Bist du nicht jener
Maximus, der uns allein den Staat erneute durch Zögern?
Weicher werden aus Erz einst andere atmend Gebilde
treiben, — ich glaube es —, formen lebendige Züge aus Marmor,
führen gewandter das Wort vor Gericht und zeichnen des Himmels
Bahnen genau mit dem Stab und künden steigende Sterne:
du aber, Römer, gedenk — so wirst d u leisten dein Wesen —
Völker kraft Amtes zu lenken und Ordnung zu stiften dem Frieden,
Unterworf'ne zu schonen und niederzukämpfen Empörer!"

7

Unter hohen Baumes Gezweige streckten Aeneas
und die ersten Führer sich aus und der strahlende Julus,
richteten her das Mahl und legten unter die Speisen
Kuchen aus Spelt ins Gras — das gab ihnen Juppiter selbst ein —
und sie füllten mit ländlicher Frucht den Boden des Backwerks.
Als nun die Früchte verzehrt und Mangel an Speise sie antrieb,
auch in die dünnen Fladen zu beißen, mit Hand und verwegnen
Kinnbacken anzutasten des schicksalsträchtigen Backwerks
Rund und nicht zu schonen die flachen, gevierteilten Scheiben,
„Ei doch, wir essen sogar noch die Tische!" sagte da ohne
weitere Anspielung Julus; dies Wort ward vernommen und brachte
gleich der Mühsal Ende; denn gleich von des Sprechenden Munde

eripuit pater ac stupefactus numine pressit.
continuo 'salve fatis mihi debita tellus 120
vosque' ait 'o fidi Troiae salvete penates;
hic domus, haec patria est. genitor mihi talia namque
— nunc repeto — Anchises fatorum arcana reliquit:
"cum te, nate, fames ignota ad litora vectum
accisis coget dapibus consumere mensas, 125
tum sperare domos defessus ibique memento
prima locare manu molirique aggere tecta"
haec erat illa fames, haec nos suprema manebat,
exitiis positura modum.
quare agite et primo laeti cum lumine solis 130
quae loca, quive habeant homines, ubi moenia gentis,
vestigemus et a portu diversa petamus.
nunc pateras libate Iovi precibusque vocate
Anchisen genitorem et vina reponite mensis.'
sic deinde effatus frondenti tempora ramo 135
inplicat et geniumque loci primamque deorum
Tellurem nymphasque et adhuc ignota precatur
flumina, tum Noctem Noctisque orientia signa
Idaeumque Iovem Phrygiamque ex ordine matrem
invocat et duplicis caeloque Ereboque parentis. 140
hic pater omnipotens ter caelo clarus ab alto
intonuit radiisque ardentem lucis et auro
ipse manu quatiens ostendit ab aethere nubem.
diditur hic subito Troiana per agmina rumor
advenisse diem, quo debita moenia condant. 145
certatim instaurant epulas atque omine magno
crateras laeti statuunt et vina coronant.
  Postera cum prima lustrabat lampade terras
orta dies, urbem et finis et litora gentis
diversi explorant: haec fontis stagna Numici, 150
hunc Thybrim fluvium, hic fortis habitare Latinos.
  Tum satus Anchisa delectos ordine ab omni
centum oratores augusta ad moenia regis
ire iubet, ramis velatos Palladis omnis,

riß es der Vater und hielt es, erstaunt ob göttlichen Waltens,
fest und sprach: „Heil dir, du Land, mir geschuldet vom Schicksal,
Heil auch euch, ihr treuen Penaten Trojas: denn hier ist
Heimat, hier Vaterland; solch Geheimnis der Schicksale hat ja
Vater Anchises — jetzt weiß ich es wieder — mir hinterlassen:
‚Wenn dich, Sohn, nach der Fahrt zu fremden Gestaden der Hunger
zwingt, nach dem Ende des Mahles auch noch zu verzehren die Tische,
dann gedenke, auf Heim zu hoffen, müde und matt, und
dort mit Wall und Graben sogleich eine Stadt zu erbauen.'
Dieses war jener Hunger, er wartete unser zuletzt noch,
um ein Ziel zu setzen der Not.
Auf denn, laßt uns froh beim ersten Strahle der Sonne
Land und Leute erforschen und wo die Städte des Volkes
liegen! Ziehen vom Hafen wir fort nach hüben und drüben!
Jetzt bringt Weihetrank Juppiter dar und ruft in Gebeten
Vater Anchises an und setzt den Wein auf die Tische."
Also sprach er und kränzte mit grünendem Zweige die Schläfen,
rief des Ortes Genius an und als erste der Götter
Tellus, die Nymphen und alle die jetzt noch unbekannten
Ströme, sodann die Nacht und der Nacht aufsteigende Sterne,
Juppiter dann vom Ida, nächst ihm die Phrygische Mutter
rief er, und endlich die Mutter im Himmel, den Vater im Orkus.
Da ließ klar aus Himmels Höhn der allmächtige Vater
dreimal es donnern, schüttelte selbst mit der Hand und zeigte
so eine goldenumstrahlte, vom Äther brennende Wolke.
Gleich verbreitet sich schnell bei Trojas Scharen die Kunde,
nun sei da der Tag, die verheißene Stadt zu erbauen.
Eifrig setzen ihr Mahl sie fort; beglückt ob des großen
Omens, stellen die Krüge sie auf und kränzen die Becher.

   Gleich, als der folgende Tag mit dem ersten Strahle die Lande
leuchtend beschien, erforschten sie Stadt und Gebiet und des Volkes
Küsten, dreifach geteilt: dieser Sumpf sei Quell des Numikus,
hier sei des Thybris Strom, hier wohnten die tapfren Latiner.

   Dann befiehlt der Sohn des Anchises, hundert, aus jedem
Stande Erwählten, als Unterhändler zur herrlichen Stadt des
Königs zu gehen, alle bekränzt mit den Zweigen der Pallas,

donaque ferre viro pacemque exposcere Teucris. 155
haud mora, festinant iussi rapidisque feruntur
passibus. ipse humili designat moenia fossa
moliturque locum primasque in litore sedes
castrorum in morem pinnis atque aggere cingit.
  Iamque iter emensi turris ac tecta Latinorum 160
ardua cernebant iuvenes muroque subibant.
ante urbem pueri et primaevo flore iuventus
exercentur equis domitantque in pulvere currus
aut acris tendunt arcus aut lenta lacertis
spicula contorquent cursuque ictuque lacessunt, 165
cum praevectus equo longaevi regis ad auris
nuntius ingentis ignota in veste reportat
advenisse viros. ille intra tecta vocari
imperat et solio medius consedit avito.
tectum augustum ingens, centum sublime columnis, 170
urbe fuit summa, Laurentis regia Pici,
horrendum silvis et religione parentum.
hic sceptra accipere et primos attollere fasces
regibus omen erat, hoc illis curia templum,
haec sacris sedes epulis, hic ariete caeso 175
perpetuis soliti patres considere mensis.
quin etiam veterum effigies ex ordine avorum
antiqua e cedro, Italusque paterque Sabinus,
vitisator, curvam servans sub imagine falcem,
Saturnusque senex Ianique bifrontis imago 180
vestibulo adstabant aliique ab origine reges,
Martiaque ob patriam pugnando volnera passi.
multaque praeterea sacris in postibus arma,
captivi pendent currus curvaeque secures
et cristae capitum et portarum ingentia claustra 185
spiculaque clipeique ereptaque rostra carinis.
ipse Quirinali lituo parvaque sedebat
succinctus trabea laevaque ancile gerebat
Picus, equom domitor; quem capta cupidine coniunx
aurea percussum virga versumque venenis 190

Gaben dem Helden zu bringen und Frieden zu sichern den Teukrern.
Gleich, wie befohlen, eilen sie fort mit stürmischen Schritten.
Aber Aeneas bezeichnet mit niedrigem Graben den Ring der
Mauern, befestigt den Platz, und den ersten Wohnsitz am Strande
gürtet nach Art eines Lagers er rings mit Wall und mit Mauern.
 Schon durchmaßen die Männer den Weg und sahn der Latiner
ragende Türme und Dächer und kamen näher der Mauer.
Knaben üben und Jungmannschaft in der Blüte des Lebens
dort vor der Stadt zu Roß und tummeln im Staub die Gespanne,
spannen den Bogen straff oder schwingen kräftig die schwanken
Speere zum Wurf und fordern heraus zum Lauf und zum Boxkampf.
Schnell sprengt jetzt ein Bote voraus und bringt vor das Ohr des
hochbejahrten Fürsten die Kunde: riesige Männer,
fremdgewandete, seien gekommen; er läßt in die Stadt sie
rufen und nimmt in der Mitte dann Platz auf dem Throne der Ahnen.
Mächtig stand und ragend das Haus auf hundert Säulen
hoch in der Stadt, die Königsburg des laurentischen Picus,
schauerumweht von Wäldern und frommer Ehrfurcht der Ahnen.
Szepter und Fasces hier zuerst zu empfangen, das galt als
glückliches Zeichen den Fürsten; ihr Rathaus war dieser Tempel,
hier der Platz für des Opfers Mahl, hier pflegten den Widder
darzubringen die Väter und dann in Reihen zu tafeln.
Ja, hier standen auch Bilder der alten Ahnen in Reihen,
Schnitzwerk aus uralter Zeder, stand Italus, Vater Sabinus,
Pflanzer der Reben, er hielt noch im Bild die gebogene Sichel,
auch Saturnus, der Greis, und des Janus doppeltes Antlitz
standen im Eingang zur Halle und andere Herrscher der Urzeit,
die da erlagen den Schlägen des Mars im Kampf um die Heimat.
Viele Waffen prangten dazu an heiligen Pfosten,
Beutewagen und Äxte mit scharf sich rundender Schneide,
Helmbüsche, Zierde des Hauptes, der Pforten riesige Riegel,
Wurfspieße, Schilde und Schnäbel, entrissen feindlichen Schiffen.
Mit quirinalischem Krummstab und angetan mit der kurzen
Trabea und in der Linken den heiligen Schild, so thronte
Picus, der Rossebezwinger; ihn schlug seine Buhle, die Kirke,
eifersuchtswild mit goldenem Zweig und wandelte ihn durch

fecit avem Circe sparsitque coloribus alas.
tali intus templo divom patriaque Latinus
sede sedens Teucros ad sese in tecta vocavit
atque haec ingressis placido prior edidit ore:
   'Dicite, Dardanidae, — neque enim nescimus et urbem 195
et genus, auditique advertitis aequore cursum —
quid petitis, quae causa rates aut cuius egentis
litus ad Ausonium tot per vada caerula vexit?
sive errore viae seu tempestatibus acti,
qualia multa mari nautae patiuntur in alto,   200
fluminis intrastis ripas portuque sedetis,
ne fugite hospitium neve ignorate Latinos,
Saturni gentem, haud vinclo nec legibus aequam,
sponte sua veterisque dei se more tenentem.
atque equidem memini — fama est obscurior annis — 205
Auruncos ita ferre senes, his ortus ut agris
Dardanus Idaeas Phrygiae penetravit ad urbes
Threiciamque Samum, quae nunc Samothracia fertur.
hinc illum, Corythi Tyrrhena ab sede profectum,
aurea nunc solio stellantis regia caeli   210
accipit et numerum divorum altaribus auget.'
   Dixerat, et dicta Ilioneus sic voce secutus:
'rex, genus egregium Fauni, nec fluctibus actos
atra subegit hiems vestris succedere terris
nec sidus regione viae litusve fefellit: 215
consilio hanc omnes animisque volentibus urbem
adferimur, pulsi regnis, quae maxima quondam
extremo veniens Sol adspiciebat Olympo.
ab Iove principium generis, Iove Dardana pubes
gaudet avo, rex ipse Iovis de gente suprema,   220
Troïus Aeneas, tua nos ad limina misit.
quanta per Idaeos saevis effusa Mycenis
tempestas ierit campos, quibus actus uterque
Europae atque Asiae fatis concurrerit orbis,
audiit et si quem tellus extrema refuso   225
summovet oceano et si quem extenta plagarum

Gifte zum Vogel, besprengte mit Farben bunt sein Gefieder.
Mitten in solchem Tempel der Götter thronte Latinus
auf der Väter Thron und rief vor sein Antlitz die Teukrer
und begrüßte beim Eintritt sogleich sie mit freundlicher Rede:
 „Sagt, ihr Dardaner — denn nicht fremd ist euere Stadt uns
und euer Volk, es ward eure Fahrt hierher schon verkündet —,
was begehrt ihr, welch ein Grund oder welche Bedrängnis
trieb an Ausoniens Strand über Meeres Weiten die Schiffe?
Ob ihr durch Irrfahrt nun oder hergetrieben von Stürmen,
wie die Schiffer sie viel auf hohem Meere erdulden,
hier zum Ufer des Stromes kamt und ruhet im Hafen:
meidet Gastfreundschaft nicht, verkennt auch nicht die Latiner,
sie, des Saturnus Geschlecht, gerecht, nicht durch Zwang und Gesetze,
sondern aus sich und getreu dem Brauch des uralten Gottes.
Seht, ich entsinne mich — sank auch ins Dunkel der Jahre die Kunde —,
greise Aurunker erzählten es so: diesem Lande entstammt, sei
Dardanus eingedrungen in Phrygiens Städte am Ida
und zum Threïkischen Samos, das jetzt Samothrake genannt wird.
Ihn, der von Corythus hier, dem tyrrhenischen Wohnsitze, aufbrach,
ihn empfängt des Sternenhimmels goldene Burg jetzt
auf dem Thron und mehrt durch Altäre die Anzahl der Götter."
 Also sprach der Fürst. Ihm antwortet so Ilióneus:
 „Fürst, des Faunus erhabener Sproß! Kein düsterer Sturmwind
zwang uns, im Drange der Flut an euren Küsten zu landen,
weder Gestirn noch Gestade hat uns getäuscht in der Richtung:
wohlüberlegt und festgewillt, so kommen wir alle
hier zur Stadt, vertrieben aus Reichen, den größten, die Sol einst
schaute, selbst wenn er kam vom fernsten Rande des Himmels.
Ursprung ist Juppiter uns, des Ahnherrn Juppiter freut sich
Dardanerjugend; der König selbst, aus Juppiters höchstem
Stamm, der Troer Aeneas, entsandte zu deinem Palast uns.
Welch ein Sturm durch die Lande am Ida vom wilden Mykene
brauste, von welchem Verhängnis getrieben, die Erdteile beide,
Asien und Europa, in Kampf miteinander gerieten,
das vernahm der Bewohner des äußersten Randes der Erde,
wo sich der Ozean rundet, das hörte auch, wer in der weiten

quattuor in medio dirimit plaga Solis iniqui.
diluvio ex illo tot vasta per aequora vecti
dis sedem exiguam patriis litusque rogamus
innocuum et cunctis undamque auramque patentem. 230
non erimus regno indecores, nec vestra feretur
fama levis tantique abolescet gratia facti,
nec Troiam Ausonios gremio excepisse pigebit.
fata per Aeneae iuro dextramque potentem
sive fide seu quis bello est expertus et armis: 235
multi nos populi, multae — ne temne, quod ultro
praeferimus manibus vittas ac verba precantia —
et petiere sibi et voluere adiungere gentes;
sed nos fata deum vestras exquirere terras
imperiis egere suis. hinc Dardanus ortus; 240
huc repetit iussisque ingentibus urget Apollo
Tyrrhenum ad Thybrim et fontis vada sacra Numici.
dat tibi praeterea fortunae parva prioris
munera, reliquias Troia ex ardente receptas.
hoc pater Anchises auro libabat ad aras, 245
hoc Priami gestamen erat, cum iura vocatis
more daret populis, sceptrumque sacerque tiaras
Iliadumque labor vestes.'
    Talibus Ilionei dictis defixa Latinus
obtutu tenet ora soloque inmobilis haeret 250
intentos volvens oculos. nec purpura regem
picta movet nec sceptra movent Priameïa tantum,
quantum in conubio natae thalamoque moratur,
et veteris Fauni volvit sub pectore sortem:
hunc illum fatis externa ab sede profectum 255
portendi generum paribusque in regna vocari
auspiciis, huic progeniem virtute futuram
egregiam et totum quae viribus occupet orbem.
tandem laetus ait: 'di nostra incepta secundent
auguriumque suum. dabitur, Troiane, quod optas; 260
munera nec sperno. non vobis rege Latino
divitis uber agri Troiaeve opulentia derit.

SIEBENTES BUCH

Zone, inmitten der vier, fern wohnt unter glühender Sonne.
Seit jener Flut des Verderbens durch wüste Meere getrieben,
flehn wir um kärglichen Sitz für die heimischen Götter, um harmlos
Küstenland, um Wasser und Luft, die allen doch freistehn.
Schande bringen dem Reiche wir nicht, auch wird euer Ruhm nicht
wenig sich heben, nicht schwindet der Dank für solch eine Tat, und
Troja geborgen zu haben, wird nie die Ausonier reuen.
Bei des Aeneas Sendung und seiner gewaltigen Rechten,
ob im Bunde sie einer erprobt, ob in Krieg und in Waffen:
schwöre ich: viele Völker und Stämme — mißachte uns nicht, weil
selbst wir mit Binden der Flehenden nahn und bittenden Worten —
haben dringend gewünscht, wir sollten uns ihnen verbinden.
Aber es trieben uns Sprüche der Götter durch ihre Befehle,
eure Lande zu suchen; von hier stammt Dardanus, hierhin
fordert zurück und drängt uns mit strengsten Befehlen Apollo
hin zum tyrrhenischen Thybris, zum heiligen Quell des Numikus.
Hier nun schenkt unser Fürst des früheren Glückes geringe
Gaben, Überbleibsel, aus Trojas Brande gerettet.
Aus dem Golde hier goß den Weihetrank Vater Anchises,
dies war des Priamus Tracht, wenn Recht den versammelten Völkern
nach der Sitte er sprach, das Szepter, die hehre Tiara
und dies Gewand, mühselig Werk trojanischer Frauen."

So sprach Ilioneus, und starr hielt beständig Latinus
niedergewandt sein Gesicht, sah unbeweglich zu Boden,
ganz nach innen wendend den Blick: nicht reizte den Fürsten
Purpurgewirk und nicht des Priamus Szepter so sehr, wie
er in Gedanken verweilte bei seiner Tochter Vermählung
und des alten Faunus Orakel im Herzen bedachte:
dieser hier, den sein Geschick aus fernem Lande geleitet,
sei ihm zum Eidam bestimmt, unter gleichen Auspizien auch zur
Macht berufen, ihm wachse ein kommend Geschlecht, das an Mannheit
hochauf rage und mächtig den ganzen Erdkreis bezwinge.
Froh ruft endlich der Fürst: „Vollenden denn Götter, was wir auf
i h r e n Wink hin begonnen. Dein Wunsch sei gewährt dir, Trojaner.
Nicht verschmäh' ich die Gaben; auch euch soll unter Latinus'
Herrschaft Ackers Fülle nicht fehlen, nicht Reichtümer Trojas.

ipse modo Aeneas, nostri si tanta cupido est,
si iungi hospitio properat sociusque vocari,
adveniat voltus neve exhorrescat amicos: 265
pars mihi pacis erit dextram tetigisse tyranni.
vos contra regi mea nunc mandata referte.
est mihi nata, viro gentis quam iungere nostrae
non patrio ex adyto sortes, non plurima caelo
monstra sinunt; generos externis adfore ab oris,   270
hoc Latio restare canunt, qui sanguine nostrum
nomen in astra ferant. hunc illum poscere fata
et reor et, si quid veri mens augurat, opto.'
haec effatus equos numero pater eligit omni
— stabant ter centum nitidi in praesepibus altis —.   275
omnibus extemplo Teucris iubet ordine duci
instratos ostro alipedes pictisque tapetis:
aurea pectoribus demissa monilia pendent,
tecti auro fulvom mandunt sub dentibus aurum,
absenti Aeneae currum geminosque iugalis   280
semine ab aetherio, spirantis naribus ignem,
illorum de gente, patri quos daedala Circe
supposita de matre nothos furata creavit.
talibus Aeneadae donis dictisque Latini
sublimes in equis redeunt pacemque reportant.   285

  Ecce autem Inachiis sese referebat ab Argis
saeva Iovis coniunx aurasque invecta tenebat,
et laetum Aenean classemque ex aethere longo
Dardaniam Siculo prospexit ab usque Pachyno.
moliri iam tecta videt, iam fidere terrae,   290
deseruisse rates: stetit acri fixa dolore.
tum quassans caput haec effundit pectore dicta:
'heu stirpem invisam et fatis contraria nostris
fata Phrygum! num Sigeis occumbere campis,
num capti potuere capi, num incensa cremavit   295
Troia viros? medias acies mediosque per ignis
invenere viam. at, credo, mea numina tandem
fessa iacent odiis aut exsaturata quievi. —

SIEBENTES BUCH

Möge Aeneas nur selbst, wenn so zu uns es ihn hindrängt,
wenn er sich eilt, unser Gast zu sein und Bündner zu heißen,
möge er kommen und nicht sich scheun vor freundlichem Antlitz.
Friede ist halb schon verbürgt, ergriff ich die Hand erst des Herrschers.
Ihr aber meldet jetzt meinen Antrag dem Fürsten: ich habe
eine Tochter; sie einem Mann unsres Volks zu vermählen,
wehrt das Orakel des Vaters und zahlreiche Zeichen vom Himmel:
Eidame kämen von fremdem Strand, so künden sie, das sei
Latium vorbestimmt; ihr Blut soll unseren Namen
himmelan heben; daß hier jenen Herrscher die Schicksale fordern,
glaube ich und, ahnt irgend mein Herz nur Wahrheit, so wünsch ich's."
So spricht Vater Latinus; dann wählt er Rosse aus seinem
ganzen Besitz – blank standen dreihundert an ragenden Krippen –.
Gleich befiehlt er, all den Teukrern der Reihe nach Renner
vorzuführen mit buntverbrämten, purpurnen Decken.
Golden hängt von der Brust hernieder zierlicher Halsschmuck,
goldgezäumt mahlt rings ihr Gebiß auf glitzerndem Golde;
Wagen bekommt der ferne Aeneas mit Doppelgespann von
himmlischer Abkunft; es schnaubt aus den Nüstern Feuer und stammt von
jenen Rossen, die einst die Zauberin Kirke dem Vater
heimlich als Bastarde schuf von untergeschobener Mutter.
Also beschenkt Latinus die Aeneaden durch Wort und
Werk, und hoch zu Roß ziehn heim sie und bringen das Bündnis.

Schon aber war auf der Heimkehr aus Argos, des Inachus' Gründung,
Juppiters grimmes Gemahl und fuhr auf Lüften; da sah sie
plötzlich den frohen Aeneas mitsamt seiner Dardanerflotte
ferne aus Äthers Höhn vom sizilischen Gipfel Pachynums,
sieht, wie sie Häuser schon bauen und schon der Erde vertrauen,
Schiffe verlassen: sie steht, durchbohrt von bitterem Schmerze,
schüttelt alsdann ihr Haupt und spricht ihren Zorn sich vom Herzen:
„O der verhaßten Brut und der Phrygerschicksale, meinen
Schicksalen feind! Erlagen sie denn in Sigeions Gefilden?
Ließen die schon Gefangnen sich halten, fraßen die Flammen
Trojas die Männer? Durch Schlachtengewühl und mitten durch Brände
fanden den Weg sie. Ja, ich glaube, mein Wirken liegt endlich
lahm oder, Hasses satt, fand Ruhe ich. – Nein, ich ertrug's doch,

quin etiam patria excussos infesta per undas
ausa sequi et profugis toto me opponere ponto. 300
absumptae in Teucros vires caelique marisque.
quid Syrtes aut Scylla mihi, quid vasta Charybdis
profuit? optato conduntur Thybridis alveo,
securi pelagi atque mei. Mars perdere gentem
inmanem Lapithum valuit, concessit in iras 305
ipse deum antiquam genitor Calydona Dianae,
quod scelus aut Lapithas tantum aut Calydona merentem?
ast ego, magna Iovis coniunx, nil linquere inausum
quae potui infelix, quae memet in omnia verti,
vincor ab Aenea. quod si mea numina non sunt 310
magna satis, dubitem haud equidem inplorare quod usquam.
flectere si nequeo superos, Acheronta movebo.
non dabitur regnis — esto — prohibere Latinis,
atque inmota manet fatis Lavinia coniunx:
at trahere atque moras tantis licet addere rebus, 315
at licet amborum populos exscindere regum.
hac gener atque socer coeant mercede suorum:
sanguine Troiano et Rutulo dotabere, virgo,
et Bellona manet te pronuba. nec face tantum
Cisseis praegnas ignis enixa iugalis; 320
quin idem Veneri partus suus et Paris alter
funestaeque iterum recidiva in Pergama taedae.'

  Haec ubi dicta dedit, terras horrenda petivit:
luctificam Allecto dirarum ab sede dearum
infernisque ciet tenebris, cui tristia bella 325
iraeque insidiaeque et crimina noxia cordi.
odit et ipse pater Pluton, odere sorores
Tartareae monstrum: tot sese vertit in ora,
tam saevae facies, tot pullulat atra colubris.
quam Iuno his acuit verbis ac talia fatur: 330
'hunc mihi da proprium, virgo, sata Nocte, laborem
hanc operam, ne noster honos infractave cedat
fama loco neu conubiis ambire Latinum
Aeneadae possint Italosve obsidere finis.

feindlich den Heimatverjagten zu folgen durch Wogen und mich den
Flüchtigen noch entgegenzustellen rings in den Fluten.
Abgenützt sind an den Teukrern die Kräfte des Himmels, des Meeres.
Was haben Syrten und Skylla mir nun und der Schlund der Charybdis
wirklich genützt? Sie ruhn im ersehnten Bette des Thybris,
sicher vor Meereswüten und mir. Mars konnte das Riesen-
volk der Lapithen vernichten, es gab dem Zorne Dianas
einst das uralte Kálydon preis der Vater der Götter;
was aber hatten Lapithen und Kálydon Arges verschuldet?
Ich jedoch, Juppiters hehres Gemahl, die es über sich brachte,
nichts ungewagt zu lassen, umsonst, die an alles sich wandte,
werde besiegt von Aeneas. Nun wohl, wenn die eigene Macht nicht
hinreicht, scheu ich mich nicht, das „Irgendwo" zu beschwören.
Kann ich den Himmel nicht beugen, so hetz ich die Hölle in Aufruhr.
Nicht ist's vergönnt, — also gut! —, das latinische Reich ihm zu wehren,
schicksalverbürgt harrt seiner Lavinia auch als Gemahlin.
Aber verschleppen darf ich und hemmen so große Entfaltung,
aber vernichten darf ich der beiden Könige Völker.
So um der Ihrigen Preis seien Eidam und Schwäher vereinigt,
Blut von Trojanern und Rutulern wird deine Mitgift, o Jungfrau,
Brautfrau wird dir Bellona. Nicht Kisseus' Tochter nur, fackel-
schwanger, gebar einen Sohn, dessen Ehe zum Brand ward, o nein, auch
Venus hat ebensolch eigene Brut, einen anderen Paris,
tödlich sind Pergamus wieder, dem neuen, Fackeln der Hochzeit."
 Also sprach sie und stürmte zur Erde, grauenerregend,
holte Allekto, die Unheilsmacht, von der Furien Sitze
und aus höllischem Dunkel herauf; der liegen am Herzen
gramvolle Kriege, Tücke und Groll und giftiger Vorwurf.
Haßt doch Pluto selbst, der Vater, hassen doch auch die
höllischen Schwestern das Scheusal: es lebt unter s o vielen Fratzen,
grausig stets die Gestalt, sproßt schwarz von üppigen Nattern.
Juno hetzte mit Worten sie auf und sprach zu ihr also:
„Leiste mir, Jungfrau, Tochter der Nacht, hier diesen besondren
Dienst, diese Mühe, daß nie meines Namens Ehre gebrochen
räume das Feld, daß nicht des Aeneas Geschlecht dem Latinus
brautwerbend nahe und dann Italiens Lande besetze.

tu potes unanimos armare in proelia fratres   335
atque odiis versare domos, tu verbera tectis
funereasque inferre faces, tibi nomina mille,
mille nocendi artes. fecundum concute pectus,
dissice compositam pacem, sere crimina belli:
arma velit poscatque simul rapiatque iuventus.'   340

[...]   Postquam visa satis primos acuisse furores
consiliumque omnemque domum vertisse Latini,
protinus hinc fuscis tristis dea tollitur alis
audacis Rutuli ad muros, quam dicitur urbem
Acrisioneis Danaë fundasse colonis,   410
praecipiti delata noto. locus Ardea quondam
dictus avis — et nunc magnum manet Ardea nomen,
sed fortuna fuit —: tectis hic Turnus in altis
iam mediam nigra carpebat nocte quietem.
Allecto torvam faciem et furialia membra   415
exuit, in voltus sese transformat anilis;
et frontem obscenam rugis arat, induit albos
cum vitta crinis, tum ramum innectit olivae;
fit Calybe Iunonis anus templique sacerdos
et iuveni ante oculos his se cum vocibus offert: 420
'Turne, tot incassum fusos patiere labores
et tua Dardaniis transcribi sceptra colonis?
rex tibi coniugium et quaesitas sanguine dotes
abnegat externusque in regnum quaeritur heres.
i nunc, ingratis offer te, inrise, periclis: 425
Tyrrhenas, i, sterne acies; tege pace Latinos.
haec adeo tibi me, placida cum nocte iaceres,
ipsa palam fari omnipotens Saturnia iussit.
quare age et armari pubem portisque moveri
laetus in arma para, et Phrygios qui flumine pulchro   430
considere duces pictasque exure carinas.
caelestum vis magna iubet. rex ipse Latinus,
ni dare coniugium et dicto parere fatetur,
sentiat et tandem Turnum experiatur in armis.'

Du kannst Brüder, ein Herz, eine Seele, hetzen zum Hader,
Häuser stürzen durch Haß, du trägst unter friedliche Dächer
Schläge und Mord und Brand, verfügst über tausend von Namen,
tausender Tücken Gewalt; schütt aus die Früchte des Herzens,
reiß auseinander vereinbarten Bund, schaff Anlaß zum Kriege,
Waffen soll wollen und fordern zugleich und ergreifen die Jugend." [...]
   Als sie glaubte, fürs erste genug den Wahnsinn geschärft und
völlig vernichtet zu haben den Plan und das Haus des Latinus,
hob sich die düstere Göttin von hier auf schwärzlichen Schwingen
gleich zu des kühnen Rutulers Stadt, die einst, wie die Sage
lautet, Danaë baute mit akrisionischen Siedlern,
hergetrieben vom stürmischen Süd. Den Vorfahren hieß einst
Ardea hier der Ort — noch jetzt hat Ardeas Name
Klang, doch schwand sein Glück —: hier trank im hohen Palaste
Turnus in dunkler Nacht halb leer den Kelch schon des Schlummers.
Abtut Allekto die grause Gestalt und die Furienglieder,
wandelt sich um und trägt die Züge nun einer Alten,
furcht mit Falten die widrige Stirn, umwindet das weiße
Haar mit dem Kopfband und flicht hinein den Zweig eines Ölbaums.
Kálybe wird sie, Priesterin alt im Tempel der Juno,
tritt dem Jüngling vor Augen und spricht zu ihm diese Worte:
„Turnus, läßt du umsonst verrinnen so viele Mühsal,
läßt dein künftiges Szepter vermachen dardanischen Siedlern?
Ehebund will der Fürst und mit Blut erworbene Mitgift
dir verweigern, von auswärts sucht man dem Reich einen Erben.
Geh jetzt, danklos biete, Verlachter, dich dar den Gefahren,
wirf tyrrhenische Heere in Staub, schaff Frieden Latinern!
Ja, dies sollte ich dir, wenn in nächtlicher Ruhe du lägest,
offen verkünden, das ist der Befehl der allmächtigen Juno.
Auf denn, freudig lasse die Jugend sich rüsten und aus den
Toren rücken zum Kampf; die Phrygierführer, die dort am
schönen Fluß sich gelagert, vernichte mitsamt den bemalten
Schiffen! So heischt es der Himmlischen Macht. Doch König Latinus,
gibt er nicht zu, er gestatte die Ehe, treu seinem Worte,
soll es noch fühlen und Turnus am Ende spüren in Waffen."

Hic iuvenis vatem inridens sic orsa vicissim 435
ore refert: 'classis invectas Thybridis undam
non, ut rere, meas effugit nuntius auris.
ne tantos mihi finge metus; nec regia Iuno
inmemor est nostri.
sed te victa situ verique effeta senectus, 440
o mater, curis nequiquam exercet et arma
regum inter falsa vatem formidine ludit.
cura tibi divom effigies et templa tueri:
bella viri pacemque gerent, quis bella gerenda.'

Talibus Allecto dictis exarsit in iras. 445
at iuveni oranti subitus tremor occupat artus,
deriguere oculi: tot Erinys sibilat hydris
tantaque se facies aperit; tum flammea torquens
lumina cunctantem et quaerentem dicere plura
reppulit et geminos erexit crinibus anguis 450
verberaque insonuit rabidoque haec addidit ore:
'en ego victa situ, quam veri effeta senectus
arma inter regum falsa formidine ludit.
respice ad haec: adsum dirarum ab sede sororum,
bella manu letumque gero.' 455
sic effata facem iuveni coniecit et atro
lumine fumantis fixit sub pectore taedas.
olli somnum ingens rumpit pavor, ossaque et artus
perfundit toto proruptus corpore sudor.
arma amens fremit, arma toro tectisque requirit, 460
saevit amor ferri et scelerata insania belli,
ira super: magno veluti cum flamma sonore
virgea suggeritur costis undantis aëni
exsultantque aestu latices, furit intus aquai
fumidus atque alte spumis exuberat amnis, 465
nec iam se capit unda, volat vapor ater ad auras.

Ergo iter ad regem polluta pace Latinum
indicit primis iuvenum et iubet arma parari,
tutari Italiam, detrudere finibus hostem:

SIEBENTES BUCH

Aber der Jüngling verlacht die Prophetin und beginnt selber
also zu reden: „Die Kunde, es sei eine Flotte zum Thybris
eingefahren, entging nicht, wie du glaubst, meinen Ohren.
Male nicht solche Schrecken mir vor! Auch Herrscherin Juno
hat nicht meiner vergessen.
Dich aber, Mütterchen, plagt das stumpfe, nicht mehr der Wahrheit
mächtige Alter mit Sorgen für nichts: im Waffengeklirr der
Könige narrt es mit falschem Entsetzen dich, die Prophetin.
Sorg du nur für die Bilder der Götter und hüte den Tempel:
Krieg und Frieden bleibt Sache der Männer, die Krieg führen müssen."

Durch die Worte entbrennt in jähem Zorne Allekto.
Aber den Jüngling befällt noch beim Reden plötzliches Zittern,
starr wird sein Blick: so zischt die Erinys furchtbar von Schlangen,
wächst empor zur Riesengestalt: die flammenden Augen
rollt sie und ihn, der zögert noch und zu reden noch trachtet,
weist sie zurück, bläht auf im Haar ein Paar ihrer Schlangen,
klatscht mit der Peitsche und spricht dazu mit rasendem Munde:
„Sieh, wie ich stumpf bin, ich, die das Alter, nicht mächtig der Wahrheit,
narrt bei der Könige Waffengeklirr mit falschem Entsetzen!
Hier schau her, vom Thron bin ich hier der höllischen Schwestern,
Krieg trag ich in der Hand und Tod."
Zischte und warf auf den Jüngling die Fackel, stieß in die Brust ihm
tief und fest das düsteren Lichtes qualmende Kienholz.
Ihm bricht furchtbare Angst den Schlaf, Gebein und Gelenke
überströmt am ganzen Leib ein Ausbruch des Schweißes.
„Waffen"! brüllt er im Wahn, sucht Waffen im Bett, im Palaste,
Gier nach Schwertstahl tobt und des Krieges heilloser Wahnsinn,
Zorn noch dazu: so wird mit krachendem Prasseln des Reisigs
Flamme unter den Bauch des wallenden Kessels geschoben,
hochauf sprudelt das siedende Naß, rast drinnen des Wassers
dampfender Strom, wogt hoch und überschäumend zum Rande,
nicht mehr faßt sich der Schwall, fliegt düster dampfend nach oben.

Da der Friede entweiht, ruft auf gegen König Latinus
Turnus die Führer der Jugend zum Krieg, heißt Waffen sie rüsten,
schützen Italien, aus dem Land fortjagen die Feinde:

se satis ambobus Teucrisque venire Latinisque 470
haec ubi dicta dedit divosque in vota vocavit,
certatim sese Rutuli exhortantur in arma;
hunc decus egregium formae movet atque iuventae,
hunc atavi reges, hunc claris dextera factis.

VIII

Miratur facilisque oculos fert omnia circum 310
Aeneas capiturque locis et singula laetus
exquiritque auditque virum monumenta priorum.
tum rex Euandrus, Romanae conditor arcis:
'haec nemora indigenae Fauni Nymphaeque tenebant
gensque virum truncis et duro robore nata, 315
quis neque mos neque cultus erat, nec iungere tauros
aut componere opes norant aut parcere parto,
sed rami atque asper victu venatus alebat.
primus ab aetherio venit Saturnus Olympo,
arma Iovis fugiens et regnis exsul ademptis. 320
is genus indocile ac dispersum montibus altis
composuit legesque dedit Latiumque vocari
maluit, his quoniam latuisset tutus in oris.
aurea quae perhibent illo sub rege fuere
saecula: sic placida populos in pace regebat, 325
deterior donec paulatim ac decolor aetas
et belli rabies et amor successit habendi.
tum manus Ausonia et gentes venere Sicanae,
saepius et nomen posuit Saturnia tellus;
tum reges asperque inmani corpore Thybris, 330
a quo post Itali fluvium cognomine Thybrim
diximus; amisit verum vetus Albula nomen.
me pulsum patria pelagique extrema sequentem
fortuna omnipotens et ineluctabile fatum
his posuere locis matrisque egere tremenda 335

er sei beiden gewachsen, den Teukrern wie den Latinern.
Als er dieses gesagt und Gaben den Göttern gelobt, da
trieben die Rutuler, wetteifernd gleich einander zum Kampfe;
diesen bewog der strahlende Glanz seiner Schönheit und Jugend,
jenen die fürstlichen Ahnen, den dritten der Ruhm seiner Rechten.

8

Staunend läßt Aeneas behend allum seine Blicke
schweifen, die Gegend lockt ihn, und freudig fragt er genau dem
einzelnen nach und erfährt denkwürdige Taten der Vorzeit.
Dann spricht Fürst Euander, der Gründer der römischen Stadtburg:
„Diese Wälder bewohnten als Urstamm Faune und Nymphen
und ein Geschlecht, aus Stämmen und harten Eichen geboren,
die nicht Sitte hatten noch Form, nicht Stiere zu schirren
wußten noch Ernten zu häufen und sparsam Erworbnes zu hegen,
sondern es nährte sie Baumfrucht und Jagd, ein mühsames Leben.
Früh kam dann Saturnus herab vom hohen Olympus,
fliehend vor Juppiters Waffen, verbannt und beraubt seines Reiches.
Er vereinte das rohe, im Bergland verstreute Geschlecht und
gab ihm Gesetze und zog als Namen „Latium-Heimstatt"
vor, da geheim und geschützt er lebte an diesen Gestaden.
Jene berühmte goldene Zeit, sie gedieh unter seiner
Herrschaft: er lenkte so in freundlichem Frieden die Völker,
bis eine schlechtere Zeit allmählich, getrübt in der Farbe,
folgte und Raserei des Kriegs und die Gier nach Besitztum.
Damals kamen Ausoniens Schar und sikanische Völker,
und es wechselte öfter das Land des Saturnus den Namen.
Könige kamen, rauh und riesigen Wuchses, der Thybris;
wir, die Italer, nannten nach ihm den Fluß später Thybris,
Albula aber, der Urfluß, verlor seinen richtigen Namen.
Mich, der landesverjagt hinfuhr bis zum äußersten Meere,
hat Fortunas Allmacht und unausweichliches Schicksal
hierhin gebracht, mich trieb meiner Mutter, der Nymphe Carmenta,

Carmentis nymphae monita et deus auctor Apollo.'
vix ea dicta, dehinc progressus monstrat et aram
et Carmentalem Romani nomine portam
quam memorant, nymphae priscum Carmentis honorem,
vatis fatidicae, cecinit quae prima futuros   340
Aeneadas magnos et nobile Pallanteum.
hinc lucum ingentem quem Romulus acer Asylum
rettulit et gelida monstrat sub rupe Lupercal,
Parrhasio dictum Panos de more Lycaei.
nec non et sacri monstrat nemus Argileti   345
testaturque locum et letum docet hospitis Argi.
hinc ad Tarpeiam sedem et Capitolia ducit,
aurea nunc, olim silvestribus horrida dumis.
iam tum religio pavidos terrebat agrestis
dira loci, iam tum silvam saxumque tremebant.   350
'hoc nemus, hunc' inquit 'frondoso vertice collem
— quis deus, incertum est — habitat deus: Arcades ipsum
credunt se vidisse Iovem, cum saepe nigrantem
aegida concuteret dextra nimbosque cieret.
haec duo praeterea disiectis oppida muris,   355
reliquias veterumque vides monumenta virorum.
hanc Ianus pater, hanc Saturnus condidit arcem:
Ianiculum huic, illi fuerat Saturnia nomen.'
talibus inter se dictis ad tecta subibant
pauperis Euandri passimque armenta videbant   360
Romanoque foro et lautis mugire Carinis.
ut ventum ad sedes: 'haec' inquit 'limina victor
Alcides subiit, haec illum regia cepit.
aude, hospes, contemnere opes et te quoque dignum
finge deo rebusque veni non asper egenis.'   365
dixit et angusti subter fastigia tecti
ingentem Aenean duxit stratisque locavit
effultum foliis et pelle Libystidis ursae.

[...]   At Venus aetherios inter dea candida nimbos
dona ferens aderat; natumque in valle reducta

drohende Mahnung, es trieb mich der Rat des Gottes Apollo."
Also spricht er und geht gleich voraus und zeigt den Altar und
zeigt das Tor, das die Römer noch jetzt „Carmentalische Pforte"
nennen, uralte Ehrung der Nymphe Carmenta, der schicksals-
kundigen Seherin, die zuerst von der künftigen Größe
sang des Aeneasgeschlechts und dem rühmlichen Pallanteum.
Weiter zeigt er den riesigen Hain, den Romulus, zürnend,
schuf zum Asyl, er zeigt im kühlen Fels das Lupercal,
so im Parrhasierbrauche benannt nach dem Pan des Lykaeus,
zeigt auch den Wald Argiletums, des bannverfallenen, ruft zum
Zeugen den Ort und erklärt den Tod des Gastfreundes Argos.
Weiter dann führt er zum Felsen Tarpejas, zum Kapitol hin,
golden jetzt, einst wuchernd umstarrt vom Strauchwerk des Waldes.
Damals schon erschreckte des Ortes furchtbarer Bann die
Bauern mit Angst, sie bebten schon damals vor Wald hier und Felsen.
„Hier diesen Wald," sprach Euander, „den Hügel mit laubigem Gipfel
— welcher Gott, ist nicht gewiß — bewohnt ein Gott, ihn selber,
Juppiter, glaubten die Arkader hier zu sehen, wie oft die
schwärzliche Aegis er schwang in der Faust und Stürme heraufrief.
Diese zwei Festungen hier überdies mit zertrümmerten Mauern
siehst du als Rest und Erinnerungsmal an die Zeiten der Alten.
Diese Burg hat Janus gebaut und jene Saturnus:
die hieß Janiculus, jene Saturnia früher mit Namen."
Unter solchem Gespräch nun kamen sie näher dem Haus des
armen Euander und sahn überall nur brüllende Herden,
wo jetzt Romas Forum prangt und die Pracht der Karinen.
Vor seinem Haus aber sprach der Fürst: „Diese Schwelle betrat als
Sieger einst der Alkide, die Burg hier hat ihn empfangen.
Wage es, Gast, zu verachten die Pracht, und mache auch du dich
würdig des Gottes und nahe nicht schroff dem Reiche der Armut!"
Also führte er unter den Giebel des niedrigen Hauses
nun den Riesen Aeneas und ließ ihn lagern, gestreckt auf
Blätterstreu und dem Fell darüber der libyschen Bärin.   [...]
  Venus jedoch zwischen Himmelsgewölk stand strahlend als Göttin
da mit den Gaben; und als sie den Sohn im Grunde des Tales

ut procul egelido secretum flumine vidit,
talibus adfata est dictis seque obtulit ultro:
'en perfecta mei promissa coniugis arte
munera, ne mox aut Laurentis, nate, superbos
aut acrem dubites in proelia poscere Turnum.'
dixit et amplexus nati Cytherea petivit,
arma sub adversa posuit radiantia quercu.
ille deae donis et tanto laetus honore
expleri nequit atque oculos per singula volvit,
miraturque interque manus et bracchia versat
terribilem cristis galeam flammasque vomentem
fatiferumque ensem, loricam ex aere rigentem
sanguineam ingentem, qualis cum caerula nubes
solis inardescit radiis longeque refulget;
tum levis ocreas electro auroque recocto
hastamque et clipei non enarrabile textum.
  Illic res Italas Romanorumque triumphos
haud vatum ignarus venturique inscius aevi
fecerat Ignipotens, illic genus omne futurae
stirpis ab Ascanio pugnataque in ordine bella.
fecerat et viridi fetam Mavortis in antro
procubuisse lupam, geminos huic ubera circum
ludere pendentis pueros et lambere matrem
inpavidos, illam tereti cervice reflexam
mulcere alternos et corpora fingere lingua.
nec procul hinc Romam et raptas sine more Sabinas
consessu caveae magnis Circensibus actis
addiderat subitoque novom consurgere bellum
Romulidis Tatioque seni Curibusque severis.
post idem inter se posito certamine reges
armati Jovis ante aram paterasque tenentes
stabant et caesa iungebant foedera porca.
haud procul inde citae Mettum in diversa quadrigae
distulerant — at tu dictis, Albane, maneres! —
raptabatque viri mendacis viscera Tullus
per silvam et sparsi rorabant sanguine vepres.

sah, abseits, von den andern getrennt durch den kühlen Strom, da
sprach sie ihn an, trat klar vor ihn hin, überraschend und huldvoll:
„Siehe, vollendet sind durch die Kunst meines Gatten die Gaben,
die ich versprach. So zög're nicht, Sohn, die stolzen Laurenter
aufzufordern zum Kampf oder ihn, den trotzigen Turnus."
Also sprach Kytherea und schloß ihren Sohn in die Arme,
legte die strahlenden Waffen genüber nieder am Eichbaum.
Er, beglückt durch die Gaben der Göttin, die herrliche Ehrung,
sieht sich nicht satt, läßt wandern durch alles und jedes die Augen,
staunt und wendet hin und her zwischen Händen und Arm den
Helm, der furchtbar droht mit dem Busch und Flammen umhersprüht,
prüft das tödliche Schwert und den Panzer; der starrt von Erz, ist
blutrot, riesengroß, wie wenn eine bläuliche Wolke
feurig entbrennt im Strahle der Sonne und weithinaus leuchtet.
Dann die Beinschienen, blank, aus Elektrum und lauterem Golde,
auch den Speer und des Schildes im Wort nicht zu kündendes Kunstwerk.
  Dort bot Italermacht im Bild und Römertriumphe,
wohl mit Sehern vertraut und kundig kommender Zeiten,
dar des Feuers Herr, reihauf von Askanius jede
Sippe des künftigen Stamms und all die Kämpfe und Kriege;
zeigte auch, wie sich säugend in Marvors' grünender Grotte
hingelagert die Wölfin, wie, rings an den Zitzen ihr hängend,
spielten die Zwillingsknaben und furchtlos bei ihrer Amme
saugten, wie jene mit wendigem Hals sich bog und die beiden
koste und, streichelnd und bildend, die Leiber umfuhr mit der Zunge.
Nächstdem bildet er Rom und den zuchtlosen Raub der Sabiner-
töchter vom Zuschauersitz bei den Zirkusspielen, wie jäh dann
Krieg, unerhörter, entstand zwischen Romulus' Anhängern und dem
greisen Tatius und den strengen Bürgern von Cures.
Dann wieder standen — der Streit war geschlichtet — die Fürsten in Waffen
vor dem Altare des Juppiter, fromm in Händen die Schalen,
hatten das Sauopfer dargebracht und schlossen ihr Bündnis.
Weiter dann hatte das Viergespann, auseinandergehetzt, den
Mettus zerfetzt — ach hättest dein Wort du gehalten, Albaner! —
und nun schleifte Tullus das Fleisch des verlogenen Mannes
durch den Wald, es trieften, bespritzt vom Blute, die Dornen.

nec non Tarquinium eiectum Porsenna iubebat
accipere ingentique urbem obsidione premebat;
Aeneadae in ferrum pro libertate ruebant.
illum indignanti similem similemque minanti
aspiceres, pontem auderet quia vellere Cocles   650
et fluvium vinclis innaret Cloelia ruptis.
in summo custos Tarpeiae Manlius arcis
stabat pro templo et Capitolia celsa tenebat,
Romuleoque recens horrebat regia culmo.
atque hic auratis volitans argenteus anser   655
porticibus Gallos in limine adesse canebat.
Galli per dumos aderant arcemque tenebant,
defensi tenebris et dono noctis opacae:
aurea caesaries ollis atque aurea vestis,
virgatis lucent sagulis, tum lactea colla   660
auro innectuntur, duo quisque Alpina coruscant
gaesa manu, scutis protecti corpora longis.
hic exsultantis Salios nudosque Lupercos
lanigerosque apices et lapsa ancilia caelo
extuderat, castae ducebant sacra per urbem   665
pilentis matres in mollibus. hinc procul addit
Tartareas etiam sedes, alta ostia Ditis,
et scelerum poenas et te, Catilina, minaci
pendentem scopulo Furiarumque ora trementem,
secretosque pios, his dantem iura Catonem.   670
haec inter tumidi late maris ibat imago
aurea, sed fluctu spumabat caerula cano;
et circum argento clari delphines in orbem
aequora verrebant caudis aestumque secabant.
in medio classis aeratas, Actia bella,   675
cernere erat totumque instructo Marte videres
fervere Leucaten auroque effulgere fluctus.
hinc Augustus agens Italos in proelia Caesar
cum patribus populoque, penatibus et magnis dis,
stans celsa in puppi, geminas cui tempora flammas   680
laeta vomunt patriumque aperitur vertice sidus.

Und Porsenna befahl, den verbannten Tarquinius wieder
aufzunehmen, bedrängte die Stadt mit harter Belagrung.
Doch für die Freiheit stürmte ins Schwert das Geschlecht des Aeneas.
Einem Empörten gleich und gleich einem Drohenden war dort
jener zu sehn, weil Cocles es wage, die Brücke zu brechen,
Cloelia, kühn ihre Fesseln zerreißend, schwimme im Strome.
Hoch auf dem Schildbuckel stand als Wächter der Hochburg Tarpeias
Manlius, hielt Kapitol und Tempel auf ragender Höhe,
frisch wieder starrte das Königshaus mit des Romulus Strohdach.
Und hier flog aus goldenem Gang die silberne Gans und
kündete laut, es stünden die Gallier schon an der Schwelle.
Gallier kamen heran durchs Gesträuch und packten die Burg schon,
dicht im Finstern gedeckt vom Geschenk des nächtlichen Dunkels.
Golden wallt ihr Haar und golden ihre Gewandung,
Kriegsmäntel tragen sie, grellgestreifte, die milchweißen Nacken
sind umwunden von Gold; zwei Alpenspieße schwingt jeder,
blitzende, hoch in der Faust und Langschilde decken den Körper.
Hier hatte tanzende Salier er und nackte Luperker,
wollene Priestermützen und Schildchen, geglitten vom Himmel,
ausgestanzt; züchtige Frauen in weichhinschwebenden Wagen
führten das heilige Gut durch die Stadt. Nicht weit davon zeigt er
auch des Tartarus Sitz, die ragende Pforte des Pluto
und die Pein der Verbrecher und dich, Catilina, auf schroffer
Klippe hängend, in zitternder Angst vor der Furien Antlitz,
abseits im Frieden die Frommen und ihren Gesetzgeber Cato.
Zwischenhinein zog breit sich das Bild des wogenden Meeres,
golden, warf aber bläuliche Flut mit silbernen Spitzen.
Silbergeformt im Kreise ringsum die hellen Delphine
fegten mit ihren Schwänzen die Fläche und schnitten die Wogen.
Mitten im Bild waren eherne Flotten, Aktiums Seeschlacht,
dort zu schaun, und ganz Leukate konntest du wogen
sehen im Reigen des Mars, von Gold aufblitzten die Fluten.
Hier der Caesar Augustus, die Italer führend zum Kampfe,
mit den Vätern, dem Volk, den Penaten, den mächtigen Göttern,
ragend auf hohem Heck; ihm sprühen von doppelter Flamme
strahlend die Schläfen, aufgeht über ihm der Stern seines Vaters.

parte alia ventis et dis Agrippa secundis
arduos agmen agens; cui, belli insigne superbum,
tempora navali fulgent rostrata corona.
hinc ope barbarica variisque Antonius armis, 685
victor ab Aurorae populis et litore rubro,
Aegyptum viresque Orientis et ultima secum
Bactra vehit, sequiturque — nefas — Aegyptia coniunx.
una omnes ruere ac totum spumare reductis
convolsum remis rostrisque tridentibus aequor. 690
alta petunt, pelago credas innare revolsas
Cycladas aut montis concurrere montibus altos,
tanta mole viri turritis puppibus instant.
stuppea flamma manu telisque volatile ferrum
spargitur, arva nova Neptunia caede rubescunt. 695
regina in mediis patrio vocat agmina sistro
necdum etiam geminos a tergo respicit anguis.
omnigenumque deum monstra et latrator Anubis
contra Neptunum et Venerem contraque Minervam
tela tenent. saevit medio in certamine Mavors, 700
caelatus ferro, tristesque ex aethere Dirae,
et scissa gaudens vadit Discordia palla,
quam cum sanguineo sequitur Bellona flagello.
Actius haec cernens arcum intendebat Apollo
desuper: omnis eo terrore Aegyptos et Indi, 705
omnis Arabs, omnes vertebant terga Sabaei.
ipsa videbatur ventis regina vocatis
vela dare et laxos iam iamque inmittere funis;
illam inter caedes pallentem morte futura
fecerat Ignipotens undis et Iapyge ferri, 710
contra autem magno maerentem corpore Nilum
pandentemque sinus et tota veste vocantem
caeruleum in gremium latebrosaque flumina victos.
at Caesar triplici invectus Romana triumpho
moenia dis Italis, votum inmortale, sacrabat 715
maxima ter centum totam delubra per urbem.
laetitia ludisque viae plausuque fremebant;

Weiter Agrippa: die Winde sind ihm und Götter ihm günstig,
hochher lenkt er die Schlacht; ihm blitzen — erhabener Kriegsschmuck —
schnäbelumragt von der Krone des Seesiegs strahlend die Schläfen.
Drüben mit Fremdvolks Macht Antonius, bunt seine Waffen,
Sieger bei Völkern des Morgens, am Strande des Roten Meeres,
führt Ägypten und Kräfte des Orients her und das ferne
Baktra; es folgt ihm — Frevel und Schmach! — die ägyptische Gattin.
Alle stürzen zum Kampf, und ringsum schäumt, überall von
Ruderschlägen durchwühlt und dem Dreizack der Schnäbel, die Fläche.
Hoch zum Meer drängt's, fast, als rissen Kykladen sich los und
schwämmen dahin oder ragende Berge stürzten auf Berge,
so mit Kolossen drängen die Krieger gegen die Turmhecks.
Wergfackeln schleudert die Hand und fliegende Speere; Gemetzel,
nie so geschehenes, rötet Neptuns Gefilde. Die Fürstin
ruft inmitten der Schlacht ihre Scharen mit heimischer Klapper,
sieht noch nicht das Schlangenpaar androhen im Rücken.
Götterfratzen jeglicher Art und der Beller Anubis
schwingen gegen Neptunus und Venus und gegen Minerva
ihre Geschosse. Es wütet mitten im Kampfgewühl Mars, aus
Eisen gestanzt, und düster drohen vom Äther die Diren,
jauchzend schreitet einher mit zerrissenem Mantel die Zwietracht,
ihr aber folgt Bellona sogleich mit blutiger Geißel.
Aktiums Schutzgott sieht es und spannt seinen Bogen, Apollo,
hochher: jäh entsetzt flieht jeder Ägypter und Inder,
jeder Araber, wenden zur Flucht sich alle Sabäer.
Auch sie selbst, die Königin, sah man erbetenen Winden
Segel bieten und lockerer stets loslassen die Taue,
mitten durch's Blutbad, bleich vor drohendem Tode, so flog sie,
Werk des Feuerbeherrschers, von Wogen geworfen und Westwind;
ihr gegenüber in Riesengestalt der Nil, voller Gram hin-
breitend der Falten Flut und mit ganzem Gewand herwinkend
in den blauen Schoß und der Flußarme Schlupf die Besiegten.
Caesar jedoch, dreimal Triumphator, zog in die Mauern
Roms und weihte, unsterbliche Gabe, Italiens Göttern
ragende Tempel, dreimal hundert, über die Stadt hin.
Laut von Jubel und Spielen und Beifall dröhnen die Straßen,

omnibus in templis matrum chorus, omnibus arae;
ante aras terram caesi stravere iuvenci.
ipse sedens niveo candentis limine Phoebi 720
dona recognoscit populorum aptatque superbis
postibus; incedunt victae longo ordine gentes,
quam variae linguis, habitu tam vestis et armis.
hic Nomadum genus et discinctos Mulciber Afros,
hic Lelegas Carasque sagittiferosque Gelonos 725
finxerat; Euphrates ibat iam mollior undis,
extremique hominum Morini Rhenusque bicornis
indomitique Dahae et pontem indignatus Araxes.
talia per clipeum Volcani, dona parentis,
miratur rerumque ignarus imagine gaudet, 730
attollens umero famamque et fata nepotum.

IX

Nisus erat portae custos, acerrimus armis,
Hyrtacides, comitem Aeneae quem miserat Ida
venatrix iaculo celerem levibusque sagittis,
et iuxta comes Euryalus, quo pulchrior alter
non fuit Aeneadum Troiana neque induit arma, 180
ora puer prima signans intonsa iuventa.
his amor unus erat, pariterque in bella ruebant:
tum quoque communi portam statione tenebant.
Nisus ait: 'dine hunc ardorem mentibus addunt,
Euryale, an sua cuique deus fit dira cupido? 185
aut pugnam aut aliquid iamdudum invadere magnum
mens agitat mihi nec placida contenta quiete est.
cernis, quae Rutulos habeat fiducia rerum:
lumina rara micant; somno vinoque soluti
procubuere; silent late loca: percipe porro, 190
quid dubitem et quae nunc animo sententia surgat.
Aenean acciri omnes, populusque patresque,

Reigen der Frauen in all den Tempeln, in allen Altardienst,
vor den Altären zu Boden gestreckt die geopferten Stiere.
Er selbst sitzt auf schneeweißer Schwelle des strahlenden Phoebus,
prüft die Geschenke der Völker und läßt sie heften an hohe
Pfosten; Völker schreiten in langen Reihn als Besiegte,
wie an Sprachen bunt, so bunt an Gewandung und Waffen.
Hier stellt Nomadengeschlecht und ungegürtete Afrer,
Leleger hier und Karer und pfeilbewehrte Gelonen
Mulciber dar; dort wogte schon sanfter der Euphrat, am Weltrand
ist das Morinervolk, der Rhein mit zweifacher Mündung;
Dáher, noch ungezähmt, und empört, ob der Brücke, Araxes.
Solches Werk auf dem Schilde Volkans, dem Geschenke der Mutter,
staunt er an, unkundig der Dinge, freut er am Bild sich,
hebt und trägt auf der Schulter Ruhm und Schicksal der Enkel.

9

Nisus hielt am Tore die Wacht, ein trefflicher Streiter,
Hyrtakus' Sohn; zu Aeneas entsandte die Jägerin Ida
ihn als Gefolgsmann, flink mit Wurfspeer und fliegenden Pfeilen;
neben ihm hielt Euryalus Wache, schöner als er war
keiner im Heer des Aeneas, trug keiner trojanische Waffen;
ungeschoren noch trug er im Flaum der Jugend sein Antlitz.
Innige Freundschaft verband sie; vereint stets rückten zum Kampf sie.
Jetzt auch sicherten beide das Tor auf gemeinsamem Posten.
Nisus sprach: „Ob Götter, Euryalus, solch eine Glut uns
gießen ins Herz oder wird seine Leidenschaft jedem zum Gotte?
Kampf oder irgendein Großes im Angriff zu wagen, dazu drängt
längst mein Herz, ist satt der friedlich-behaglichen Ruhe.
Siehst du doch, wie sich in Sicherheit dort die Rutuler wiegen:
Wachfeuer flammen nur spärlich; vom Schlafe gelöst und vom Weine,
liegen sie da. Weitum herrscht Schweigen: Höre nun weiter,
was ich erwäge und welch ein Plan mir im Herzen jetzt aufsteigt.
Alle, das Volk und die Väter, verlangen, Aeneas jetzt hierhin

exposcunt mittique viros, qui certa reportent.
si, tibi quae posco, promittunt — nam mihi facti
fama sat est — tumulo videor reperire sub illo   195
posse viam ad muros et moenia Pallantea.'
obstipuit magno laudum percussus amore
Euryalus; simul his ardentem adfatur amicum:
'mene igitur socium summis adiungere rebus,
Nise, fugis, solum te in tanta pericula mittam?   200
non ita me genitor bellis adsuetus Opheltes
Argolicum terrorem inter Troiaeque labores
sublatum erudiit, nec tecum talia gessi,
magnanimum Aenean et fata extrema secutus:
est hic, est animus lucis contemptor et istum   205
qui vita bene credat emi, quo tendis, honorem.'
Nisus ad haec: 'equidem de te nil tale verebar
nec fas, non: ita me referat tibi magnus ovantem
Iuppiter aut quicumque oculis haec adspicit aequis.
sed si quis, quae multa vides discrimine tali,   210
si quis in adversum rapiat casusve deusve,
te superesse velim: tua vita dignior aetas.
sit qui me raptum pugna pretiove redemptum
mandet humo, solita aut si qua id fortuna vetabit,
absenti ferat inferias decoretque sepulcro.   215
neu matri miserae tanti sim causa doloris,
quae te sola, puer, multis e matribus ausa
persequitur, magni nec moenia curat Acestae.'
ille autem 'causas nequiquam nectis inanis,
nec mea iam mutata loco sententia cedit: 220
adceleremus' ait. vigiles simul excitat, illi
succedunt servantque vices: statione relicta
ipse comes Niso graditur, regemque requirunt.

   Cetera per terras omnis animalia somno
laxabant curas et corda oblita laborum: 225
ductores Teucrum primi, delecta iuventus,
consilium summis regni de rebus habebant,
quid facerent quisve Aeneae iam nuntius esset.

holen zu lassen und Männer auf sichere Botschaft zu senden.
Sichern sie zu, was ich fordre für dich — denn mir ist der Ruhm der
Tat schon genug —, so kann ich, scheint mir, dort unter jenem
Hügel finden den Weg zu den Mauern der Festung des Pallas."
Staunend, durchbebt von heißem Verlangen nach rühmlichen Taten,
stand Euryalus, sprach dann zugleich zum glühenden Freunde:
„Mich also nimmst du als Helfer bei solch entscheidendem Wagnis,
Nisus, nicht mit? Ich soll dich allein der Gefahr überlassen?
Nicht so hob mein Vater, der kriegsgewohnte Opheltes,
damals im schrecklichen Argolerkrieg, der Leidenszeit Trojas,
als seinen Sohn mich auf, nicht war ich vor dir solch ein Feigling,
als ich dem Helden Aeneas gefolgt bin in notvolles Schicksal.
Hier, hier lebt ein Geist, des Daseins Verächter; die Ehre,
die du erstrebst, glaubt er, sei billig erkauft mit dem Leben."
Nisus dagegen: „Nicht hegte ich solchen Argwohn, das wär' auch
Unrecht, nein: so wahr mich siegreich heimführt der große
Juppiter oder wer immer dies Vorhaben huldvoll mit ansieht.
Wenn aber — sieht man es oft doch bei solchem Wagnis — wenn Zufall
oder ein Gott mich risse in Unheil, möcht' ich, daß du am
Leben doch bleibst; deine Jugend ist mehr wert des Lebens; und einer
sei, der dem Kampf entreißt meinen Leichnam oder ihn loskauft
und ihn begräbt; oder sollte gewohntes Los das verwehren,
mag er dem Fernen Totenkult weihn und ehrenvoll Grabmal.
Nimmer auch will d e n Schmerz deiner armen Mutter ich antun,
die dir, Lieber, allein von vielen Müttern so mutig
folgt, die nicht verlangt nach der Stadt des großen Akestes."
Aber Euryalus: „Nutzlos suchst du müßigen Vorwand:
nicht mehr weicht mir gewandelt vom Platz der Plan, den ich faßte.
Eilen wir denn!" Er sagt's und weckt zugleich auch die Wachen;
jene folgen und lösen ihn ab: dann verläßt er den Posten,
geht als Begleiter mit Nisus; den Königssohn suchen sie beide.

Alles Leben auf Erden allum entspannte im Schlafe
sich von Sorgen, die Herzen vergaßen lastender Mühsal.
Nur die höchsten Führer der Teukrer, Blüte der Jugend,
saßen über des Reiches gewichtigste Dinge zu Rate:
was zu tun sei, wer nun Botschaft bringe Aeneas.

stant longis adnixi hastis et scuta tenentes
castrorum et campi medio. tum Nisus et una 230
Euryalus confestim alacres admittier orant:
rem magnam pretiumque morae fore. primus Iulus
accepit trepidos ac Nisum dicere iussit.
tum sic Hyrtacides: 'audite o mentibus aequis,
Aeneadae, neve haec nostris spectentur ab annis, 235
quae ferimus. Rutuli somno vinoque soluti
conticuere; locum insidiis conspeximus ipsi,
qui patet in bivio portae, quae proxima ponto;
interrupti ignes aterque ad sidera fumus
erigitur: si fortuna permittitis uti 240
quaesitum Aenean et moenia Pallantea,
mox hic cum spoliis ingenti caede peracta
adfore cernetis. nec nos via fallit euntis:
vidimus obscuris primam sub vallibus urbem
venatu adsiduo et totum cognovimus amnem.' 245
hic annis gravis atque animi maturus Aletes:
'di patrii, quorum semper sub numine Troia est,
non tamen omnino Teucros delere paratis,
cum talis animos iuvenum et tam certa tulistis
pectora.' sic memorans umeros dextrasque tenebat 250
amborum et voltum lacrimis atque ora rigabat.
'quae vobis, quae digna, viri, pro laudibus istis
praemia posse rear solvi? pulcherrima primum
di moresque dabunt vestri; tum cetera reddet
actutum pius Aeneas atque integer aevi 255
Ascanius, meriti tanti non inmemor umquam.'
'immo ego vos, cui sola salus genitore reducto,'
excipit Ascanius, 'per magnos, Nise, penatis
Assaracique larem et canae penetralia Vestae
obtestor, quaecumque mihi fortuna fidesque est, 260
in vestris pono gremiis: revocate parentem,
reddite conspectum; nihil illo triste recepto.
bina dabo argento perfecta atque aspera signis
pocula, devicta genitor quae cepit Arisba,

Auf die ragenden Speere gestützt, den Schild in den Händen,
stehn sie mitten im Lagerbereich. Da bittet jetzt Nisus
und Euryalus drängend mit ihm um Zutritt zum Rate:
wichtig sei ihre Sache und wert der Erwägung. Sofort läßt
Julus die Eiligen zu und befiehlt dem Nisus zu reden.
Da spricht Hyrtakus' Sohn: „Hört wohlwollend zu, Aeneaden,
schätzt auch nicht hier diesen Plan nach unseren jungen
Jahren ein! Verstummt sind die Rutuler, völlig gelöst von
Schlaf und Wein; wir selbst erspähten den Platz für den Handstreich,
wo der Weg sich gabelt am Tor, das zunächst liegt am Meere.
Unterbrochen sind dort die Feuer. Schwarz zu den Sternen
qualmt der Rauch: wenn ihr es erlaubt, den Glücksfall zu nutzen,
aufzusuchen Aeneas zugleich und die Festung des Pallas,
werdet ihr uns mit Kriegstrophäen aus furchtbarem Blutbad
bald wieder vor euch sehn. Wir können den Weg nicht verfehlen.
Denn wir sahen im Dunkel der Täler so oft bei der Jagd die
Vorstadt, lernten den ganzen Lauf dort kennen des Stromes."
Jetzt sprach, schwer an Jahren und reif im Geiste, Aletes:
„Götter der Heimat, deren Macht stets Troja umwaltet,
ganz doch wollt ihr nicht das Volk der Teukrer vernichten,
wenn ihr Jünglingen solch einen Mut erwecktet und also
festes Herz." So sprach er, umschlang ihre Schultern und drückte
innig die Rechte und netzte mit Tränen reichlich das Antlitz.
„Was nur könnte, was als würdigen Lohn ich erachten,
Helden, für solches Verdienst? Den herrlichsten geben zunächst die
Götter und eures Wertes Gefühl. Das Weitere wird euch
gleich Aeneas, der fromme, vergelten und in des Lebens
Blüte Askanius, nimmer vergessend solchen Verdienstes."
„Wahrlich, ich nicht, dem Heil nur bringt die Rückkehr des Vaters!"
fährt Askanius fort, „bei den mächtigen Hausgöttern, Nisus,
bei des Assarakus Lar und dem Heiligtume der grauen
Vesta schwöre ich: was ich nur habe an Glück und Vertrauen,
alles lege ich euch in den Schoß: holt heim mir den Vater,
ihn laßt mich sehn! Hab ich ihn erst zurück, ist nichts mehr beschwerlich.
Je zwei Becher, aus Silber gemacht mit erhabenem Bildwerk,
schenke ich, die mein Vater erwarb beim Fall von Arisba.

et tripodas geminos, auri duo magna talenta, 265
cratera antiquom, quem dat Sidonia Dido.
si vero capere Italiam sceptrisque potiri
contigerit victori et praedae dicere sortem,
vidisti quo Turnus equo, quibus ibat in armis
aureus: ipsum illum, clipeum cristasque rubentis 270
excipiam sorti, iam nunc tua praemia, Nise.
praeterea bis sex genitor lectissima matrum
corpora captivosque dabit suaque omnibus arma,
insuper his campi quod rex habet ipse Latinus.
te vero, mea quem spatiis propioribus aetas 275
insequitur, venerande puer, iam pectore toto
accipio et comitem casus complector in omnis.
nulla meis sine te quaeretur gloria rebus;
seu pacem seu bella geram, tibi maxima rerum
verborumque fides.' contra quem talia fatur 280
Euryalus: 'me nulla dies tam fortibus ausis
dissimilem arguerit; tantum: fortuna secunda
aut adversa cadat. sed te super omnia dona
unum oro: genetrix Priami de gente vetusta
est mihi, quam miseram tenuit non Ilia tellus 285
mecum excedentem, non moenia regis Acestae.
hanc ego nunc ignaram huius quodcumque pericli est
inque salutatam linquo, — nox et tua testis
dextera —, quod nequeam lacrimas perferre parentis.
at tu, oro, solare inopem et succurre relictae. 290
hanc sine me spem ferre tui: audentior ibo
in casus omnis.' percussa mente dedere
Dardanidae lacrimas, ante omnis pulcher Iulus,
atque animum patriae strinxit pietatis imago.
tum sic effatur: 295
'sponde digna tuis ingentibus omnia coeptis.
namque erit ista mihi genetrix nomenque Creusae
solum defuerit, nec partum gratia talem
parva manet. casus factum quicumque sequentur,
per caput hoc iuro, per quod pater ante solebat: 300

auch ein Dreifußpaar, von Gold zwei große Talente
und einen Mischkrug, alt, ein Geschenk der sidonischen Dido.
Glückte es aber dem Sieger, Italien erst zu erobern,
Szepter und Macht zu gewinnen und Beute dann zu verlosen,
nun, du sahst, wie Turnus zu Roß und wie er in Waffen
golden geprangt: sein Roß, seinen Schild und den Helmbusch von Purpur
nehme vom Lose ich aus: dein Lohn ist's jetzt schon, mein Nisus.
Außerdem wird zwölf Sklavinnen dir von erlesenem Wuchs mein
Vater schenken und Kriegsgefangene samt ihren Waffen,
obendrein, was an Feldern besitzt der König Latinus.
Dich aber, dem auf näheren Abstand mein eigenes Alter
folgt, dich Jüngling, wert der Verehrung, wähl' ich von ganzem
Herzen schon jetzt zum nächsten Gefolgsmann für alle Gefahren.
Nie ohne dich wird Ruhm für meine Sache erworben;
ob im Frieden oder im Krieg, stets hast du in Werk und
Wort mein größtes Vertraun." Euryalus aber erwidert:
„Möge mich nimmer ein Tag unähnlich solch einem kühnen
Wagnis erweisen; soweit mein Wunsch, mag sonst auch Fortuna
hold mir sein, oder herb! Dich aber statt aller Geschenke
bitt ich um e i n s : mir lebt aus des Priamus uraltem Stamm die
Mutter; es hielt die Arme zurück nicht Iliums Erde,
mit mir zu ziehen, nicht hielt sie die Stadt des Königs Akestes.
Sie, die von diesem, wer weiß, wie gefährlichen, Wagnisse nichts ahnt,
lasse ich jetzt zurück ohne Gruß. Sei Zeuge die Nacht mir
und deine Rechte: Ich hielte nicht stand den Tränen der Mutter.
Du aber, bitte, tröste die Arme, hilf der Verlaßnen.
Laß mich dieses hoffen von dir: dann werde ich kühner
ziehen in jede Gefahr." Erschütterten Herzens vergossen
Tränen die Dardaner, mehr als alle der herrliche Julus;
tief ergriff sein Herz dies Bild seiner Liebe zum Vater.
Dann aber sprach er so:
„Rechne auf allen Lohn, dessen wert ist dein kühnes Beginnen!
Denn sie soll als Mutter mir gelten, der Name Creüsa
fehlt ihr nur; nicht kleinen Dank verdient es, daß solchen
Sohn sie gebar; was immer der Tat für Schicksale folgen,
bei meinem Haupt hier schwör ich, bei dem sonst geschworen mein Vater:

quae tibi polliceor reduci rebusque secundis,
haec eadem matrique tuae generique manebunt.'
sic ait inlacrimans; umero simul exuit ensem
auratum, mira quem fecerat arte Lycaon
Gnosius atque habilem vagina aptarat eburna. 305
dat Niso Mnestheus pellem horrentisque leonis
exuvias; galeam fidus permutat Aletes.
protinus armati incedunt; quos omnis euntis
primorum manus ad portas iuvenumque senumque
prosequitur votis. nec non et pulcher Iulus, 310
ante annos animumque gerens curamque virilem,
multa patri mandata dabat portanda. sed aurae
omnia discerpunt et nubibus inrita donant.

   Egressi superant fossas noctisque per umbram
castra inimica petunt, multis tamen ante futuri 315
exitio. passim somno vinoque per herbam
corpora fusa vident, arrectos litore currus,
inter lora rotasque viros, simul arma iacere,
vina simul. prior Hyrtacides sic ore locutus:
'Euryale, audendum dextra, nunc ipsa vocat res. 320
hac iter est. tu, ne qua manus se attollere nobis
a tergo possit, custodi et consule longe;
haec ego vasta dabo et lato te limite ducam.'
sic memorat vocemque premit; simul ense superbum
Rhamnetem adgreditur, qui forte tapetibus altis 325
exstructus toto proflabat pectore somnum,
rex idem et regi Turno gratissimus augur,
sed non augurio potuit depellere pestem.
tris iuxta famulos temere inter tela iacentis
armigerumque Remi premit aurigamque sub ipsis 330
nactus equis ferroque secat pendentia colla;
tum caput ipsi aufert domino truncumque relinquit
sanguine singultantem; atro tepefacta cruore
terra torique madent. nec non Lamyrumque Lamumque
et iuvenem Serranum, illa qui plurima nocte 335
luserat, insignis facie, multoque iacebat

Was für die Heimkehr ich dir und glücklichen Ausgang verspreche,
das auch bleibt deiner Mutter bewahrt und deinem Geschlechte."
Weinend sprach er so; von der Schulter nahm er zugleich sein
Schwert, verziert mit Gold; das schuf Lykaon aus Knossos
wunderbar kunstvoll und fügte es leicht in die Elfenbeinscheide.
Mnestheus schenkt dem Nisus ein Fell, eines Löwen zottig-
starrende Haut; seinen Helm tauscht ihm der treue Aletes.
Schnell nun ziehn sie bewaffnet dahin. Zum Tore geleitet
sie die gesamte Schar der Führer, Junge und Alte,
fromm mit Gebeten hinaus; zumal der herrliche Julus,
vor seinen Jahren beseelt schon vom Mut und vom Ernst eines Mannes,
trug ihnen vieles noch auf für den Vater. Aber der Wind riß
alles dahin und bot es den Wolken als nichtige Gabe.

Draußen steigen sie über die Gräben, eilen durch Nacht und
Dunkel zum feindlichen Lager; zuvor aber sollten sie vielen
Tod noch bringen; sie sehen, wie rings voll Schlaf und voll Wein im
Grase liegen die Leiber, aufragen am Strande die Wagen,
zwischen Riemen und Rädern die Männer; Waffen zugleich und
Weinkrüge liegen umher; da spricht des Hyrtakus' Sohn schnell:
„Jetzt, Euryalus, mutig ans Werk; die Gelegenheit ruft uns.
Hier ist der Weg. Du halte, damit keine Hand gegen uns im
Rücken sich hebe, die Wacht und sichere weithin die Wege.
Ich aber schaffe hier Raum und bahne dir breit einen Durchgang."
Also spricht er und wird wieder stumm. Dann greift er den stolzen
Rhamnes an mit dem Schwert, der eben auf schwellendem Polster
hoch da lag und recht von Herzen schnaufte im Schlafe.
Fürst war er und Turnus, dem Fürsten, der liebste der Seher.
Nicht aber konnte durch Seherkunst er bannen das Unheil.
Dann packte Nisus drei Diener des Remus, die zwischen den Waffen
sorglos liegen, er schlägt auch den Knappen, dicht bei den Pferden
trifft er den Lenker und haut ihm herunter den hangenden Nacken.
Endlich raubt er dem Herrn das Haupt und läßt nur zurück den
blutausschluchzenden Rumpf. Es triefen von schwärzlichem Blute
dampfend Boden und Bett. Auch Lámyrus schlägt er und Lamus
und den jungen Serranus, der damals bis tief in die Nacht beim
Spiel noch gesessen, ein stattlicher Held; nun lag er, vom starken

membra deo victus: felix, si protinus illum
aequasset nocti ludum in lucemque tulisset.
inpastus ceu plena leo per ovilia turbans
— suadet enim vesana fames — manditque trahitque   340
molle pecus mutumque metu, fremit ore cruento:
nec minor Euryali caedes; incensus et ipse
perfurit ac multam in medio sine nomine plebem,
Fadumque Herbesumque subit Rhoetumque Abarimque,
ignaros, Rhoetum vigilantem et cuncta videntem,   345
sed magnum metuens se post cratera tegebat;
pectore in adverso totum cui comminus ensem
condidit adsurgenti et multa morte recepit.
purpuream vomit ille animam et cum sanguine mixta
vina refert moriens; hic furto fervidus instat.   350
iamque ad Messapi socios tendebat; ibi ignem
deficere extremum et religatos rite videbat
carpere gramen equos, breviter cum talia Nisus
— sensit enim nimia caede atque cupidine ferri —
'absistamus' ait 'nam lux inimica propinquat.   355
poenarum exhaustum satis est, via facta per hostis.'
multa virum solido argento perfecta relinquont
armaque craterasque simul pulchrosque tapetas.
Euryalus phaleras Rhamnetis et aurea bullis
cingula, Tiburti Remulo ditissimus olim   360
quae mittit dona, hospitio cum iungeret absens
Caedicus, ille suo moriens dat habere nepoti;
— post mortem bello Rutuli pugnaque potiti —
haec rapit atque umeris nequiquam fortibus aptat.
tum galeam Messapi habilem cristisque decoram   365
induit. excedunt castris et tuta capessunt.

   Interea praemissi equites ex urbe Latina,
cetera dum legio campis instructa moratur,
ibant et Turno regi responsa ferebant,
ter centum, scutati omnes, Volcente magistro.   370
iamque propinquabant castris muroque subibant,
cum procul hos laevo flectentis limite cernunt

Gott an den Gliedern gelähmt; wohl glücklich, hätte er jenes
Spiel die ganze Nacht und bis zum Morgen getrieben.
Nisus gleicht einem nüchternen Leu, der da wütet im vollen
Schafstall — Hunger macht wild — er schlingt und schüttelt das schwache
Vieh, das stumm ist vor Angst, er knurrt bluttriefenden Maules.
Nicht geringer ist auch des Euryalus Blutbad; er glüht und
rast auch selbst; viel Volk ohne Namen packt er sich wahllos.
Fadus auch und Herbesus und Rhoetus und Abaris, die nichts
ahnen, Rhoetus jedoch auf Wache und alles erblickend;
der aber sucht sich vor Angst hinter mächtigem Mischkrug zu ducken.
Als er sich hebt, stößt stracks in die Brust Euryalus ihm sein
Schwert bis ans Heft und reißt's todbringend zurück; da erbricht auf
Purpurfluten Rhoetus die Seele, blutuntermischten
Wein auswürgend im Sterben; Euryalus wütet im Dunkel
weiter; er will schon los auf Messapus' Gefährten, das letzte
Feuer dort sieht er verlöschen, die regelrecht angepflockten
Pferde weiden im Gras; da spricht nur kurz eben Nisus:
— merkt er doch, wie Mordlust wild und wilder sie hinreißt —
„Hören wir auf! Es naht sich schon der feindliche Morgen.
Strafe genug ist vollzogen, ein Weg uns gebahnt durch die Feinde."
Reichen Besitz, massiv aus Silber, lassen sie liegen,
Waffen der Krieger, und Krüge zugleich und prächtige Polster.
Aber Euryalus sieht des Rhamnes Brustschmuck und Wehrgurt,
goldgebuckelt, nach Tibur für Remulus sandte der reiche
Caedicus einst diese Gaben, als trotz der Ferne er Freundschaft
mit ihm schloß; der ließ es sterbend dem Enkel. — Nach dessen
Tode fiel es durch Krieg und Kampf in Rutulerhände. —
Dies jetzt raubt er und schmückt die - umsonst, ach! - kräftigen Schultern,
setzt dann auf den Helm des Messapus, handlich und schön vom
Helmbusch geziert. Sie verlassen das Lager und suchen das Sich're.

   Reiter inzwischen, vorausgeschickt aus der Stadt der Latiner,
während das übrige Heer in der Ebene kampfbereit weilte,
zogen gerade dahin mit Antwort für Turnus, den Fürsten,
dreihundert, alle mit Schilden gewappnet; Führer war Volcens.
Schon sind nah sie dem Lager und dicht der Mauer, da sehn sie
ferne seitwärts biegen die beiden, links auf dem Richtweg.

et galea Euryalum sublustri noctis in umbra
prodidit inmemorem radiisque adversa refulsit.
haud temere est visum. conclamat ab agmine Volcens: 375
'state, viri. quae causa viae, quive estis in armis,
quove tenetis iter?' nihil illi tendere contra,
sed celerare fugam in silvas et fidere nocti.
obiciunt equites sese ad divortia nota
hinc atque hinc omnemque abitum custode coronant. 380
silva fuit late dumis atque ilice nigra
horrida, quam densi complerant undique sentes;
rara per occultos lucebat semita calles.
Euryalum tenebrae ramorum onerosaque praeda
inpediunt fallitque timor regione viarum; 385
Nisus abit. iamque inprudens evaserat hostis
atque locos, qui post Albae de nomine dicti
Albani, tum rex stabula alta Latinus habebat,
ut stetit et frustra absentem respexit amicum:
'Euryale infelix, qua te regione reliqui, 390
quave sequar, rursus perplexum iter omne revolvens
fallacis silvae?' simul et vestigia retro
observata legit dumisque silentibus errat.
audit equos, audit strepitus et signa sequentum.
nec longum in medio tempus, cum clamor ad auris 395
pervenit ac videt Euryalum, quem iam manus omnis
fraude loci et noctis subito turbante tumultu
oppressum rapit et conantem plurima frustra.
quid faciat, qua vi iuvenem, quibus audeat armis
eripere an sese medios moriturus in enses 400
inferat et pulchram properet per volnera mortem?
ocius adducto torquens hastile lacerto,
suspiciens altam lunam, et sic voce precatur:
'tu, dea, tu praesens nostro succurre labori,
astrorum decus et nemorum Latonia custos. 405
si qua tuis umquam pro me pater Hyrtacus aris
dona tulit, si qua ipse meis venatibus auxi
suspendive tholo aut sacra ad fastigia fixi:

Und den Euryalus, der's nicht bedacht, verriet sein Helm im
dämmernden Schatten der Nacht: er blitzte aufschimmernd im Mondstrahl.
Nicht umsonst wird's gesehn. Laut ruft vom Reitertrupp Volcens:
„Halt, ihr Männer! Warum auf dem Weg? Wer seid ihr in Waffen?
Wohin wollt ihr gehn?" Nichts geben jene zur Antwort,
sondern flüchten schnell in den Wald und vertrauen dem Dunkel.
Hierhin sprengen und dorthin die Reiter zu den bekannten
Seitenwegen, verriegeln mit Wächtern jeglichen Ausgang.
Schaurig starrt weithin der Wald von Gebüsch und von schwarzen
Steineichen, allseits durchwuchern ihn dichte, dornige Sträucher.
Selten leuchtet ein Fußpfad auf im Gewirre der Wege.
Düsteres Zweigicht hemmt den Euryalus, lastend bedrückt die
Beute ihn jetzt und es täuscht ihn Furcht in der Richtung der Wege.
Nisus entflieht, schon war er achtlos dem Feinde entkommen
und der Gegend — „Albanische" hieß sie später nach Albas
Namen, jetzt hatte hier Fürst Latinus hohe Gehege —,
als er verhielt und umsonst nach dem fehlenden Freunde sich umsah.
„Wo Euryalus, wo, unseliger, ließ ich zurück dich?
Wo soll ich suchen, von neuem entwirrend das ganze Geflecht des
Weges im tückischen Wald?" Zugleich verfolgt er die rückwärts
weisenden Spuren und irrt umher im schweigenden Strauchwerk.
Pferde hört er und hört den Lärm und den Ruf der Verfolger.
Und nicht lange mehr dauert's, als plötzlich Geschrei ihm zu Ohren
dringt und er den Euryalus sieht: den schleppt schon die ganze
Schar; er ward bei der Tücke des Orts und der Nacht durch den wilden
Wirbel gepackt und versuchte umsonst alle mögliche Abwehr.
Was jetzt tun? Mit welcher Gewalt, mit welchen Waffen
wagen, den Jüngling zu retten? Sich mitten in drohende Schwerter
stürzen zum Sterben und schnell verbluten in herrlichem Tode?
Jäh mit angezogenem Arm umwirbelnd den Wurfspeer,
Blickt zur hohen Luna er auf und fleht im Gebete:
„Göttin, du sei hilfreich nah hier unserer Drangsal,
Zier der Gestirne und Hort der Haine, Tochter Latonas,
wenn mein Vater Hyrtakus je für mich am Altar dir
Gaben gebracht, wenn ich selbst sie als Jäger gemehrt, dir in Tempels
Kuppel gehängt oder hoch an heilige Giebel geheftet:

hunc sine me turbare globum et rege tela per auras.'
dixerat, et toto conixus corpore ferrum 410
conicit: hasta volans noctis diverberat umbras
et venit adversi in tergum Sulmonis ibique
frangitur ac fisso transit praecordia ligno.
volvitur ille vomens calidum de pectore flumen
frigidus et longis singultibus ilia pulsat. 415
diversi circumspiciunt. hoc acrior idem
ecce aliud summa telum librabat ab aure.
dum trepidant, it hasta Tago per tempus utrumque
stridens traiectoque haesit tepefacta cerebro.
saevit atrox Volcens nec teli conspicit usquam 420
auctorem nec quo se ardens immittere possit:
'tu tamen interea calido mihi sanguine poenas
persolves amborum' inquit; simul ense recluso
ibat in Euryalum. tum vero exterritus amens
conclamat Nisus, nec se celare tenebris 425
amplius aut tantum potuit perferre dolorem:
'me me, adsum qui feci, in me convertite ferrum,
o Rutuli, mea fraus omnis; nihil iste neque ausus
nec potuit, caelum hoc et conscia sidera testor,
tantum infelicem nimium dilexit amicum,' 430
talia dicta dabat; sed viribus ensis adactus
transabiit costas et candida pectora rumpit.
volvitur Euryalus leto pulchrosque per artus
it cruor inque umeros cervix conlapsa recumbit:
purpureus veluti cum flos succisus aratro 435
languescit moriens lassove papavera collo
demisere caput, pluvia cum forte gravantur.
at Nisus ruit in medios solumque per omnis
Volcentem petit, in solo Volcente moratur.
quem circum glomerati hostes hinc comminus atque hinc 440
proturbant. instat non setius ac rotat ensem
fulmineum, donec Rutuli clamantis in ore
condidit adverso et moriens animam abstulit hosti.

laß diese Schar mich zersprengen und lenk mein Geschoß durch die Lüfte!"
Spricht's und wirft mit voller Wucht des Körpers die Waffe;
Sausend im Flug zerschlägt die Lanze die mächtigen Schatten,
dringt, ihm grad gegenüber, in Sulmos Rücken, zersplittert
dort und bohrt sich tief in die Brust mit gespaltenem Schafte.
Sulmo wälzt sich und bricht aus der Brust blutwarm einen Strom, wird
starr, es zucken ihm hart in langem Röcheln die Flanken.
Allseits spähen die Feinde umher, doch Nisus, noch wilder,
seht doch, schleudert ein ander Geschoß noch neben dem Ohr weg.
Während sie zagen, durchschlägt der Speer dem Tagus die beiden
Schläfen sausend und hängt jetzt heiß im durchbohrten Gehirne.
Volcens tobt vor Wut, doch nirgends erblickt er des Speeres
Werfer, erblickt kein Ziel, zu berennen in flammendem Zorne.
„Du aber wirst unterdes mit warmem Blute mir Buße
zahlen für beide!" so ruft er und geht zugleich mit dem blanken
Schwert auf Euryalus los. Jetzt aber, sinnlos vor Angst, schreit
Nisus laut, nicht kann er länger noch sich im Dunkel
bergen, nicht vermag er so großen Schmerz zu ertragen.
„Mich schlagt, mich! Ich tat's! Auf mich hier wendet die Waffen,
Rutuler, mein ist all der Trug; nichts wagte noch konnte
er da! Des ruf ich den Himmel und wissende Sterne zu Zeugen.
Allzusehr nur hing er an mir unseligem Freunde."
So sprach Nisus flehend; das Schwert aber, kraftvoll gestoßen,
drang durch die Rippen, zerriß die schimmernde Brust, und im Tode
wälzt sich Euryalus; über die herrlichen Glieder hin rinnt das
Blut, und schlaff zur Schulter hinüber fällt ihm der Nacken:
Also sinkt, geschnitten vom Pflug, die purpurne Blume
müde im Tode dahin, so läßt mit schlaffem Nacken
sinken sein Haupt der Mohn, wenn Regenflut ihn belastet.
Nisus jedoch stürzt mitten hinein; durch alle hin sucht er
Volcens allein, mit Volcens allein hat jetzt er zu schaffen.
Den umdrängen, zur Abwehr geballt, die Feinde im Nahkampf
hier und dort; doch Nisus bedrängt sie und wirbelt sein blitzend
Schwert im Kreis, bis grad in des schreienden Rutulers Mund er
tief es stößt und sterbend das Leben raubt seinem Feinde.

tum super exanimem sese proiecit amicum
confossus placidaque ibi demum morte quievit. 445
  Fortunati ambo, si quid mea carmina possunt,
nulla dies umquam memori vos eximet aevo,
dum domus Aeneae Capitoli inmobile saxum
accolet imperiumque pater Romanus habebit.

X

Ut vidit socios: 'tempus desistere pugnae:
solus ego in Pallanta feror, soli mihi Pallas
debetur; cuperem ipse parens spectator adesset'.
haec ait, et socii cesserunt aequore iusso.
at Rutulum abscessu iuvenis tum iussa superba 445
miratus stupet in Turno corpusque per ingens
lumina volvit obitque truci procul omnia visu,
talibus et dictis it contra dicta tyranni:
'aut spoliis ego iam raptis laudabor opimis
aut leto insigni: sorti pater aequus utrique est. 450
tolle minas.' fatus medium procedit in aequor,
frigidus Arcadibus coit in praecordia sanguis.
desiluit Turnus biiugis, pedes apparat ire
comminus; utque leo, specula cum vidit ab alta
stare procul campis meditantem in proelia taurum, 455
advolat: haud alia est Turni venientis imago.
hunc ubi contiguum missae fore credidit hastae,
ire prior Pallas, si qua fors adiuvet ausum
viribus inparibus, magnumque ita ad aethera fatur:
'per patris hospitium et mensas, quas advena adisti, 460
te precor, Alcide, coeptis ingentibus adsis.
cernat semineci sibi me rapere arma cruenta
victoremque ferant morientia lumina Turni.'
audiit Alcides iuvenem magnumque sub imo
corde premit gemitum lacrimasque effundit inanis. 465
tum genitor natum dictis adfatur amicis:

Dann aber warf er durchbohrt sich hin über seinen entseelten
Freund und kam zur Ruhe erst jetzt im Frieden des Todes.
  Glückliches Paar, wenn etwas nur meine Lieder vermögen,
lösdit kein Tag euch jemals aus im Gedächtnis der Nachwelt,
nie, solange Aeneas' Geschlecht, Kapitol, deinen festen
Felsen bewohnt und Herrschgewalt hat der römische Vater.

10

Als die Gefährten er sieht, ruft gleich er: „Zeit ist's, vom Kampfe
abzustehn: nur i c h gegen Pallas, mir nur allein steht
Pallas zu; o sähe sein Vater doch selbst dieses Schauspiel!"
Und gleich wichen im Feld die Gefährten, wie es befohlen.
Aber beim Abzug der Rutuler starrt ob des stolzen Befehles
Pallas verwundert den Turnus an, sein Auge umfaßt die
Riesengestalt, und trotzig betrachtet er alles von fern und
tritt mit solchen Worten entgegen den Worten des Fürsten:
„Ruhm bringt nun entweder die Wehr des feindlichen Feldherrn
oder ein strahlender Tod: mein Vater ist beidem gewachsen.
Laß dein Drohn!" So sprach er und schritt in die Mitte der Walstatt.
Kalt rinnt jetzt ins Herz der Arkader stockender Blutstrom.
Turnus springt vom Wagen und schickt zu Fuße sich an zum
Nahkampf. Und wie ein Löwe heranstürmt, wenn von der Höhe
fern im Felde den Stier er erspäht, der sich rüstet zum Kampfe,
ebenso wirkt das Bild des Turnus, der da heranstürmt.
Als ihn Pallas in Wurfnähe glaubte, griff er als erster
an, ob etwa ein Zufall dem Wagemut helfe, wenn auch die
Kräfte nicht gleich, und er betete so zum erhabenen Äther:
„Bei meines Vaters gastlichem Tisch, zu dem du als Fremdling
tratest, Alkide, ich bitte, sei hold dem Riesenbeginnen.
Mag er im Tode noch sehn, wie ich raube die blutige Rüstung,
mich, den Sieger, ertrage der brechende Aufblick des Turnus!"
Wohl vernahm der Alkide den Jüngling, hemmte in Herzens
Tiefen die furchtbare Klage und weinte vergebliche Tränen.
Da aber sprach der Vater zum Sohn mit freundlichen Worten:

'stat sua cuique dies, breve et inreparabile tempus
omnibus est vitae: sed famam extendere factis,
hoc virtutis opus. Troiae sub moenibus altis
tot gnati cecidere deum; quin occidit una 470
Sarpedon, mea progenies. etiam sua Turnum
fata vocant metasque dati pervenit ad aevi.'
sic ait atque oculos Rutulorum reicit arvis.
at Pallas magnis emittit viribus hastam
vaginaque cava fulgentem deripit ensem. 475
illa volans umeri surgunt qua tegmina summa
incidit atque viam clipei molita per oras
tandem etiam magno strinxit de corpore Turni.
hic Turnus ferro praefixum robur acuto
in Pallanta diu librans iacit atque ita fatur: 480
'adspice, num mage sit nostrum penetrabile telum.'
dixerat; at clipeum, tot ferri terga, tot aeris,
quem pellis totiens obeat circumdata tauri,
vibranti cuspis medium transverberat ictu
loricaeque moras et pectus perforat ingens. 485
ille rapit calidum frustra de volnere telum:
una eademque via sanguis animusque sequuntur.
corruit in volnus, sonitum super arma dedere,
et terram hostilem moriens petit ore cruento.
quem Turnus super adsistens: 490
'Arcades, haec' inquit 'memores mea dicta referte
Euandro: qualem meruit, Pallanta remitto.
quisquis honos tumuli, quidquid solamen humandi est,
largior. haud illi stabunt Aeneïa parvo
hospitia.' et laevo pressit pede talia fatus 495
exanimem, rapiens inmania pondera baltei
inpressumque nefas: una sub nocte iugali
caesa manus iuvenum foede thalamique cruenti,
quae Clonus Eurytides multo caelaverat auro;
quo nunc Turnus ovat spolio gaudetque potitus. 500
nescia mens hominum fati sortisque futurae
et servare modum, rebus sublata secundis.

„Jedem steht fest sein Tag; kurz ist und unwiederbringlich
allen des Lebens Zeit: doch Ruhm ausstrahlen durch Tatkraft,
das ist Mannes Werk. Unter Trojas ragenden Mauern
sanken der Göttersöhne so viel; es starb ja mit ihnen
auch Sarpedon, mein eigener Sohn. Bald ruft auch den Turnus
sein Verhängnis, zum Wendepunkt kam er im Feld seines Lebens."
Also sprach er und wandte den Blick vom Rutulerlande.
Pallas aber wirft mit wuchtiger Kraft seine Lanze
weithinaus und reißt sein blitzendes Schwert aus der Scheide.
Hinsaust die Lanze und trifft, wo hoch an der Schulter der Panzer
steigt, und da sie den Weg sich erzwang durch des Schildes Umrandung,
streifte sie endlich auch den Riesenkörper des Turnus.
Jetzt schwingt Turnus lange die Lanze mit eiserner Spitze
gegen Pallas, wirft dann ab und spricht zu ihm also:
„Merk jetzt, ob nicht mehr doch durchschlägt unsere Waffe!"
Also sprach er; den Schild, all die Lagen von Eisen, von Erze,
ihn, den ebenso dick überzog noch die Haut eines Stieres,
schlägt jetzt mitten durch die Spitze mit wuchtigem Stoße,
jagt durchs Hemmnis des Panzers und dringt in die Brust des Helden.
Der aber reißt umsonst den heißen Speer aus der Wunde:
gleichen Weges folgen ihm nach das Blut und die Seele.
Pallas stürzt auf die Wunde dahin, dumpf rasselt die Rüstung,
sterbend packt er mit blutigem Mund die feindliche Erde.
Turnus aber tritt über ihn hin:
„Arkader," sagt er, „merkt wohl auf und meldet Euander:
wie seinen Sohn er verdient, so sende ich heim ihm den Pallas.
Jegliche Ehre des Grabes und jeden Trost der Bestattung
gönne ich. Teuer kommt mit Aeneas das gastliche Bündnis
ihm zu stehn." So spricht er und drückt auf den Toten den linken
Fuß, indem er des Wehrgehänges lastend Gewicht ihm
raubt mit dem Abbild des Greuels: in einer einzigen Brautnacht
schändlich erschlagene Jünglingsschar und die blutigen Kammern.
Clonus, des Eurytus Sohn, schuf dies aus reichlichem Golde.
Jauchzend rafft jetzt Turnus es auf und freut sich der Beute.
Nichts weiß Menschenherz vom Geschick und künftigem Lose,
weiß nicht Maß zu halten auf Glückes schwindelnder Höhe.

Turno tempus erit, magno cum optaverit emptum
intactum Pallanta et cum spolia ista diemque
oderit. at socii multo gemitu lacrimisque   505
inpositum scuto referunt Pallanta frequentes.
o dolor atque decus magnum rediture parenti.
haec te prima dies bello dedit, haec eadem aufert,
cum tamen ingentis Rutulorum linquis acervos.
[...] Ingemuit cari graviter genitoris amore,
ut vidit, Lausus, lacrimaeque per ora volutae.   790
hic mortis durae casum tuaque optima facta,
si qua fidem tanto est operi latura vetustas,
non equidem nec te, iuvenis memorande, silebo.
ille pedem referens et inutilis inque ligatus
cedebat clipeoque inimicum hastile trahebat: 795
proripuit iuvenis seseque inmiscuit armis
iamque adsurgentis dextra plagamque ferentis
Aeneae subiit mucronem ipsumque morando
sustinuit. socii magno clamore secuntur,
dum genitor nati parma protectus abiret,   800
telaque coniciunt perturbantque eminus hostem
missilibus. furit Aeneas tectusque tenet se.
ac velut effusa si quando grandine nimbi
praecipitant, omnis campis diffugit arator,
omnis et agricola et tuta latet arce viator,   805
aut amnis ripis aut alti fornice saxi,
dum pluit in terris, ut possint sole reducto
exercere diem: sic obrutus undique telis
Aeneas nubem belli, dum detonet omnis,
sustinet et Lausum increpitat Lausoque minatur: 810
'quo moriture ruis maioraque viribus audes?
fallit te incautum pietas tua.' nec minus ille
exsultat demens; saevae iamque altius irae
Dardanio surgunt ductori, extremaque Lauso
Parcae fila legunt: validum namque exigit ensem   815
per medium Aeneas iuvenem totumque recondit.
transiit et parmam mucro, levia arma minacis

Turnus erlebt die Zeit, da er viel drum gäbe, den Pallas
unversehrt zu erkaufen, da diese Wehr, diesen Tag er
haßt. Die Gefährten indes mit lautem Stöhnen und Weinen
tragen dichtgedrängt den Pallas zurück auf dem Schilde.
Du, zu Schmerz und hohem Ruhm heimkehrend dem Vater!
Dieser Tag erst gab dich dem Krieg, er nahm dich von hinnen,
aber trotzdem hinterlässest du Berge von Rutulerleichen. [...]
Dumpf aber stöhnt jetzt Lausus auf aus Liebe zum teuren
Vater, als er das sieht, und Tränen rollen vom Antlitz.
Harten Todes Fall und deine strahlenden Taten,
wenn denn glauben sollte so herrlichem Werke die Nachwelt,
will ich nimmer verschweigen, noch dich, denkwürdiger Jüngling.
Schritt für Schritt wich rückwärts jetzt Mezzentius, hilflos
angefesselt, und schleifte im Schild die feindliche Lanze:
da sprang vor der Jüngling und warf sich zwischen die Waffen,
schon unterlief er das Schwert des Aeneas, der seine Rechte
hob zum Hiebe gereckt, und fing dann hemmend den Schlag von
unten auf; die Gefährten folgen mit lautem Geschrei, daß
derweil, geschützt vom Schilde des Sohns, der Vater entkomme,
und sie schleudern die Speere und stören von weitem den Feind mit
Wurfgeschossen. Aeneas rast und hält sich in Deckung.
Ebenso wie, wenn oft mit prasselndem Hagel die Stürme
stürzen, ein jeder Pflüger entflieht von den Feldern und jeder
Landmann flieht und im sichern Versteck der Wandrer am Rand des
Stromes hockt oder hoch überwölbt von ragenden Felsen,
während es regnet im Land, damit sie beim Sonnenlicht wieder
tüchtig ihr Tagewerk tun: so wehrt, allseits von Geschossen
dicht umprasselt, Aeneas des Krieges Wolke, solange
rings sie dröhnt, fährt Lausus an und droht dem Lausus:
„Todgeweihter, wohin? Wagst mehr, als den Kräften gegeben?
Dich Unachtsamen stürzt deine Sohnestreue." Doch Lausus
tobt verblendet heran; da schwillt schon höher der grimme
Zorn dem Dardanerführer, dem Lausus spinnen die letzten
Fäden die Parzen: es jagt ja Aeneas die kräftige Klinge
mitten durch des Jünglings Leib, stößt tief bis ans Heft sie.
Hinfuhr das Schwert durch des Angreifers Rundschild, kraftlose Abwehr,

et tunicam, molli mater quam neverat auro,
inplevitque sinum sanguis; tum vita per auras
concessit maesta ad manis corpusque reliquit. 820
at vero ut voltum vidit morientis et ora,
ora modis Anchisiades pallentia miris,
ingemuit graviter miserans dextramque tetendit,
et mentem patriae strinxit pietatis imago.
'quid tibi nunc, miserande puer, pro laudibus istis, 825
quid pius Aeneas tanta dabit indole dignum?
arma, quibus laetatus, habe tua, teque parentum
manibus et cineri, si qua est ea cura, remitto.
hoc tamen infelix miseram solabere mortem:
Aeneae magni dextra cadis.' increpat ultro 830
cunctantis socios et terra sublevat ipsum,
sanguine turpantem comptos de more capillos.

XI

Aurora interea miseris mortalibus almam
extulerat lucem, referens opera atque labores:
iam pater Aeneas, iam curvo in litore Tarchon
constituere pyras. huc corpora quisque suorum 185
more tulere patrum, subiectisque ignibus atris
conditur in tenebras altum caligine caelum.
ter circum accensos cincti fulgentibus armis
decurrere rogos, ter maestum funeris ignem
lustravere in equis ululatusque ore dedere. 190
spargitur et tellus lacrimis, sparguntur et arma,
it caelo clamorque virum clangorque tubarum.
hic alii spolia occisis derepta Latinis
coniciunt igni, galeas ensesque decoros
frenaque ferventisque rotas; pars munera nota, 195
ipsorum clipeos et non felicia tela.
multa boum circa mactantur corpora Morti,
saetigerosque sues raptasque ex omnibus agris

und durchs Gewand, das aus weichem Gold ihm gewoben die Mutter,
und schon füllte ihm Blut die Brust; da wich durch die Lüfte
trauernd das Leben hinab zu den Manen und schwand aus dem Leibe.
Als aber nun Anchises' Sohn des Sterbenden Ausdruck
sah und sein Antlitz, das seltsam bleich sich färbende Antlitz,
seufzte er mitleidvoll, hob grüßend die Rechte, und rührend
traf sein Herz dieses Spiegelbild seiner Liebe zum Vater.
„Jammernswürdiges Kind, was soll nun für diese Verdienste,
was dir Aeneas, der fromme, verleihen, wert solcher Artung?
Halte die Rüstung, auf die du so stolz; den Manen der Ahnen
und ihrer Asche, wenn das dich noch kümmert, sende ich heim dich.
Dies immerhin sei, Armer, im kläglichen Tode dir Trost: du
fielst von Aeneas', des mächtigen Hand." Gleich schilt er voll Hast die
zögernden Mannen und hebt den Leichnam empor von der Erde,
Blut verklebte das Haar, das geschmückt war nach heimischer Sitte.

II

Unterdessen hatte den armen Sterblichen wieder
nährend Licht Aurora gebracht mit Werken und Mühsal.
Schon ließ Vater Aeneas und schon am Strande auch Tarchon
schichten die Scheiterhaufen; hierhin trug jeder der Seinen
Leichen nach Väterbrauch; aufflammte darunter das düstre
Feuer, es hüllte sich hoch in Qualm und Dunkel der Himmel.
Dreimal umzogen sie festlich, gegürtet mit blitzenden Waffen
rings die Flammenstöße, umkreisten dreimal zu Roß das
gramvolle Feuer des Grabes, und Klage entströmte dem Munde.
Tränen netzten die Erde und Tränen netzten die Waffen,
himmelan hallt Klagen der Mannen, Klang der Drommeten.
Manche werfen die Rüstung, entrissen erschlagnen Latinern,
jetzt ins Feuer und Helme und Schwerter, kostbar geschmückte,
Zaumzeug und sausende Räder; ein Teil vertrautere Gaben:
Schilde der Toten und nicht vom Glück gesegnete Speere.
Viele Rinder opfern sie rings dem Gotte des Todes,
borstige Schweine und Schafe, von allen Feldern geraubte,

in flammam iugulant pecudes. tum litore toto
ardentis spectant socios semustaque servant   200
busta neque avelli possunt, nox umida donec
invertit caelum stellis ardentibus aptum.

[...]   At medias inter caedes exsultat Amazon,
unum exserta latus pugnae, pharetrata Camilla,
et nunc lenta manu spargens hastilia denset,   650
nunc validam dextra rapit indefessa bipennem;
aureus ex umero sonat arcus et arma Dianae.
illa etiam, si quando in tergum pulsa recessit,
spicula converso fugientia derigit arcu.
at circum lectae comites, Larinaque virgo   655
Tullaque et aeratam quatiens Tarpeia securim,
Italides, quas ipsa decus sibi dia Camilla
delegit pacisque bonas bellique ministras:
quales Threiciae cum flumina Thermodontis
pulsant et pictis bellantur Amazones armis   660
seu circum Hippolyten, seu cum se Martia curru
Penthesilea refert magnoque ululante tumultu
feminea exsultant lunatis agmina peltis.

Quem telo primum, quem postremum, aspera virgo,
deicis aut quot humi morientia corpora fundis?   665
Euneum Clytio primum patre, cuius apertum
adversi longa transverberat abiete pectus.
sanguinis ille vomens rivos cadit atque cruentam
mandit humum moriensque suo se in volnere versat.
tum Lirim Pagasumque super, quorum alter habenas   670
suffuso revolutus equo dum colligit, alter
dum subit ac dextram labenti tendit inermem,
praecipites pariterque ruunt. his addit Amastrum
Hippotaden sequiturque incumbens eminus hasta
Tereaque Harpalycumque et Demophoonta Chrominque, 675
quotque emissa manu contorsit spicula virgo,
tot Phrygii cecidere viri. procul Ornytus armis
ignotis et equo venator Iapyge fertur,
cui pellis latos umeros erepta iuvenco

schlachten sie ab für die Flamme, dann schaun überall sie am Strand im
Brand die Gefährten, bewachen die Stöße, die halb erst verbrannten,
können sich nicht losreißen, bis endlich die tauende Nacht den
Himmel dreht, der prangend steht mit glühenden Sternen. [...]
    Mitten im Morden frohlockt, amazonenhaft kämpfend, entblößt die
eine Brust zum Kampf, mit dem Köcher gewappnet, Camilla,
und bald schleudert sie, Wurf auf Wurf, die biegsamen Lanzen,
bald schwingt nimmer müde die Hand die wuchtige Streitaxt.
Goldener Bogen klirrt von der Schulter und Pfeile Dianas.
Ja, selbst wenn sie rückwärts einmal geschlagen zurückweicht,
zielt sie fliehend noch Pfeile vom umgewendeten Bogen.
Um sie wogt ihr erlesen Gefolge, Larina, die Jungfrau,
Tulla und Tarpeia, sie schwingt ihr ehernes Kampfbeil;
Italermädchen, die selbst sich zum Ruhm die hehre Camilla
auserlesen, für Frieden und Krieg zu trefflichem Dienste:
wie Amazonen traben im Thrakerland auf des Thermodon
eisfestem Strom und kämpfend sich tummeln mit farbigen Waffen
rings um Hippolyte, oder wenn Penthesilea im Wagen
heimkehrt, die Tochter des Mars, und laut im Jubeltumulte
tobt das weibliche Heer mit mondsichelförmigen Schilden.
    Wen zuerst und wen zuletzt, o streitbare Jungfrau,
schlägt dein Speer, wie viele streckst du nieder zum Sterben?
Clytius' Sohn als ersten, Eunëus, dem, als er angriff,
sie die bloße Brust durchstieß mit der Tannenholzlanze.
Der speit Bäche von Blut und fällt vornüber und beißt den
blutigen Boden und wälzt sich im Tod auf der eigenen Wunde.
Liris und Pagasus dann: den einen, als er die Zügel
aufgreift im Sturz vom gestolperten Roß, den anderen, als er
naht und die wehrlose Hand zu Hilfe dem Fallenden hinstreckt;
kopfüber stürzen zugleich sie; zu ihnen gesellt sie Amastrus,
Hippotes' Sohn, sie verfolgt, andrängend von fern mit der Lanze,
Tereus, Harpalycus, weiter Demophoon, ebenso Chromis.
Wieviel Speere im Schwung aus der Hand geschleudert die Jungfrau,
soviel Phrygier fielen; seitab jagt Órnytus fort in
nie gesehener Wehr auf japygischem Rosse als Jäger;
seine breiten Schultern umhüllt ein Fell, einem jungen

pugnatori operit, caput ingens oris hiatus 680
et malae texere lupi cum dentibus albis,
agrestisque manus armat sparus; ipse catervis
vertitur in mediis et toto vertice supra est.
hunc illa exceptum, neque enim labor agmine verso,
traicit et super haec inimico pectore fatur: 685
'silvis te, Tyrrhene, feras agitare putasti?
advenit qui vestra dies muliebribus armis
verba redargueret. nomen tamen haud leve patrum
manibus hoc referes, telo cecidisse Camillae.'
protinus Orsilochum et Buten, duo maxima Teucrum 690
corpora, sed Buten aversum cuspide fixit
loricam galeamque inter, qua colla sedentis
lucent et laevo dependet parma lacerto,
Orsilochum fugiens magnumque agitata per orbem
eludit gyro interior sequiturque sequentem, 695
tum validam perque arma viro perque ossa securim
altior exsurgens oranti et multa precanti
congeminat: volnus calido rigat ora cerebro.
incidit huic subitoque aspectu territus haesit
Appenninicolae bellator filius Auni, 700
haud Ligurum extremus, dum fallere fata sinebant.
isque ubi se nullo iam cursu evadere pugnae
posse neque instantem reginam avertere cernit,
consilio versare dolos ingressus et astu
incipit haec: 'quid tam egregium, si femina forti 705
fidis equo? dimitte fugam et te comminus aequo
mecum crede solo pugnaeque accinge pedestri:
iam nosces, ventosa ferat cui gloria fraudem.'
dixit, at illa furens acrique accensa dolore
tradit equom comiti paribusque resistit in armis, 710
ense pedes nudo puraque interrita parma.
at iuvenis, vicisse dolo ratus, avolat ipse
haud mora conversisque fugax aufertur habenis
quadrupedemque citum ferrata calce fatigat.
'vane Ligus frustraque animis elate superbis, 715

Kampfstier entrissen, sein Haupt bedeckt der riesige Rachen
und die Kinnbacken eines Wolfs mit blitzenden Zähnen;
Bauernfäuste waffnet der Krummspeer; mitten im Heerbann
reitet er selbst, überragt um Haupteslänge die andern.
Ihn fängt ab Camilla — im Fluchtgetümmel nicht schwierig — ,
spießt ihn durch und spricht obendrein mit erbittertem Herzen:
„Hast du gewähnt, Tyrrhener, das Wild im Walde zu jagen?
Da ist der Tag, der euer Geprahl widerlegt mit der Frauen
Waffen; doch nicht verächtlichen Namen wirst du den Manen
melden der Väter: gefallen seist du vom Speere Camillas."
Butes schlägt sie sodann und Orsilochus, beide gewalt'ge
Krieger der Teukrer; den Butes traf von hinten die Lanze
zwischen Panzer und Helm, wo hell dem Reiter der Nacken
leuchtete und vom linken Arm der Schild ihm herabhing;
doch den Orsilochus täuscht sie durch Flucht, jagt weitum im Bogen,
schwenkt nach innen im Kreise dann ab und verfolgt den Verfolger;
wuchtig schmettert dem Helden durch Helm und Schädel das Beil sie,
höher sich reckend zum Hieb trotz all seines Bittens und Flehens,
Schlag auf Schlag: warm netzt mit Hirn die Wunde sein Antlitz.
Dann fällt ihr in die Hand, angststarr beim plötzlichen Anblick,
Aunus', des Appenninbewohners streitbarer Sohn, der
Ligurer letzter nicht, als Trug noch vergönnte das Schicksal.
Gleich, da er sieht, daß er nicht mehr durch Flucht dem Kampfe entkommen
kann und nicht mehr wehren dem drohenden Ansturm der Fürstin,
sinnt er auf listigen Ausweg sogleich und beginnt so voll Arglist:
„Was ist's also Herrliches denn, wenn als Frau du dem starken
Rosse vertraust? Drum denk nicht an Flucht, überlaß dich dem gleichen
Boden im Nahkampf mit mir und mache bereit dich zum Fußkampf;
wirst schon sehn, wen windige Ruhmsucht trügend dahinrafft."
Sprach's; doch sie voll Wut und entbrannt vom Schmerze des Zornes,
gibt der Gefährtin ihr Roß und stellt sich zum Fußkampf mit gleichen
Waffen, blank nur das Schwert, furchtlos mit einfachem Rundschild.
Aber der Jüngling, im Wahn, gewonnen zu haben durch List, sprengt
selbst gleich fort, reißt um zur Flucht die Zügel und fliegt nun
jagend und hetzt zur Eile sein Roß mit eisernen Sporen.
„Ligurerwicht, vergeblich gebläht von prahlendem Hochmut,

nequiquam patrias temptasti lubricus artis,
nec fraus te incolumem fallaci perferet Auno.'
haec fatur virgo et pernicibus ignea plantis
transit equom cursu frenisque adversa prehensis
congreditur poenasque inimico ex sanguine sumit: 720
quam facile accipiter saxo sacer ales ab alto
consequitur pennis sublimem in nube columbam
comprensamque tenet pedibusque eviscerat uncis;
tum cruor et volsae labuntur ab aethere plumae.

  At non haec nullis hominum sator atque deorum 725
observans oculis summo sedet altus Olympo.
Tyrrhenum genitor Tarchonem in proelia saeva
suscitat et stimulis haud mollibus incitat iras.
ergo inter caedes cedentiaque agmina Tarchon
fertur equo variisque instigat vocibus alas 730
nomine quemque vocans reficitque in proelia pulsos.
'quis metus, o numquam dolituri, o semper inertes
Tyrrheni, quae tanta animis ignavia venit?
femina palantis agit atque haec agmina vertit!
quo ferrum quidve haec gerimus tela inrita dextris? 735
at non in Venerem segnes nocturnaque bella
aut ubi curva choros indixit tibia Bacchi,
exspectate dapes et plenae pocula mensae
— hic amor, hoc studium — dum sacra secundus haruspex
nuntiet ac lucos vocet hostia pinguis in altos!' 740
haec effatus equom in medios, moriturus et ipse,
concitat et Venulo adversum se turbidus infert
dereptumque ab equo dextra complectitur hostem
et gremium ante suum multa vi concitus aufert.
tollitur in caelum clamor cunctique Latini 745
convertere oculos. volat igneus aequore Tarchon
arma virumque ferens, tum summa ipsius ab hasta
defringit ferrum et partis rimatur apertas,
qua volnus letale ferat; contra ille repugnans
sustinet a iugulo dextram et vim viribus exit. 750
utque volans alte raptum cum fulva draconem

hast umsonst aalglatt versucht die Tücken des Vaters,
nimmermehr bringt dein Trug dich heil zum betrügenden Aunus."
Also Camilla, und gleich überholt sie auf hurtigen Sohlen
blitzschnell im Laufe sein Roß und, vorn in die Zügel ihm fallend,
greift sie an und nimmt am Feinde blutige Rache:
leicht, wie der Falk vom hohen Fels, der heilige Vogel,
jagt auf Schwingen die hoch in Wolken fliegende Taube,
fest umfängt seinen Raub und zerfleischt mit kralligen Klauen;
Blut fällt dann vom Äther herab und zerrissene Federn.
  Nicht aber sieht dies alles der Vater der Menschen und Götter
achtlosen Auges hoch vom Thron des hehren Olympus.
Tarchon treibt er an, den Tyrrhener, zum wilden Gefechte,
stachelt ihn unsanft auf und weckt die Wut ihm zum Angriff.
So jagt mitten ins Morden und unter die weichenden Haufen
Tarchon zu Roß, sportnt mannigfach an die Schwadronen und ruft bei
Namen jeden und stärkt wieder neu zum Kampf die Besiegten.
  „Welch eine Angst, ihr nimmer erregbares, immer nur träges
Volk der Tyrrhener, welch eine Feigheit packte die Herzen?
Ringsum scheucht euch ein Weib durchs Feld und verjagt diese Heerschar.
Wozu Waffen, was führt unsre Faust hier nutzlose Speere?
Freilich, zum Venusdienst nicht stumpf, zu nächtlichen Kriegen,
oder sobald die Krummflöte ruft zum Reigen des Bakchus,
wartet nur zu auf Schmaus und Pokal an üppiger Tafel,
— das ist Liebe und Lust — bis glücklich Opfer der Priester
melde, und fettes Mahl zum hohen Haine euch lade!"
Also spricht er, treibt sein Roß in die Reihen, auch selbst zu
sterben bereit, jagt stracks auf Vénulus, wütend im Angriff,
reißt vom Roß und umschlingt mit der Rechten den Gegner und zieht ihn
vor seinen Schoß mit aller Gewalt und sprengt mit ihm weiter.
Wild zum Himmel erhebt sich Geschrei und alle Latiner
wenden den Blick: blitzschnell fliegt Tarchon über die Fläche,
Waffen tragend und Mann; dann bricht er hoch von des Feindes
Lanze die Spitze und späht nach offenen Stellen, um tödlich
ihn zu verwunden. Doch Venulus wehrt sich, sucht von der Kehle
fortzustoßen die Faust und der Kraft durch Kraft zu entgehen.
So trägt hoch der braungelbe Adler hinauf die geraubte

fert aquila inplicuitque pedes atque unguibus haesit,
saucius at serpens sinuosa volumina versat
arrectisque horret squamis et sibilat ore
arduus insurgens, illa haud minus urget obunco   755
luctantem rostro, simul aethera verberat alis:
haud aliter praedam Tiburtum ex agmine Tarchon
portat ovans. ducis exemplum eventumque secuti
Maeonidae incurrunt. tum fatis debitus Arruns
velocem iaculo et multa prior arte Camillam   760
circuit et quae sit fortuna facillima, temptat.
qua se cumque furens medio tulit agmine virgo,
hac Arruns subit et tacitus vestigia lustrat;
qua victrix redit illa pedemque ex hoste reportat,
hac iuvenis furtim celeris detorquet habenas.   765
hos aditus iamque hos aditus omnemque pererrat
undique circuitum et certam quatit inprobus hastam.
forte sacer Cybelo Chloreus olimque sacerdos
insignis longe Phrygiis fulgebat in armis
spumantemque agitabat equom, quem pellis aënis   770
in plumam squamis auro conserta tegebat.
ipse peregrina ferrugine clarus et ostro
spicula torquebat Lycio Gortynia cornu;
aureus ex umeris erat arcus et aurea vati
cassida; tum croceam chlamydemque sinusque crepantis 775
carbaseos fulvo in nodum collegerat auro,
pictus acu tunicas et barbara tegmina crurum.
hunc virgo, sive ut templis praefigeret arma
Troïa, captivo sive ut se ferret in auro,
venatrix unum ex omni certamine pugnae   780
caeca sequebatur totumque incauta per agmen
femineo praedae et spoliorum ardebat amore,
telum ex insidiis cum tandem tempore capto
concitat et superos Arruns sic voce precatur:
'summe deum, sancti custos Soractis Apollo,   785
quem primi colimus, cui pineus ardor acervo
pascitur et medium freti pietate per ignem

Schlange, krallt seine Klauen in sie, hängt fest mit den Fängen.
Wund aber dreht die Schlange sich wild in Krümmung und Windung,
starr die Schuppen gesträubt und zischt mit dem Maule, sich steilauf
bäumend, der Adler jedoch bedrängt die Ringende hart mit
krummem Schnabel und schlägt den Äther zugleich mit den Schwingen.
Ebenso trägt seinen Raub aus tiburtischen Reihen jetzt Tarchon
fort im Triumph. Ihres Führers erfolgreiches Beispiel befolgend,
stürmt Maeonias Volk. Da kreist, verfallen dem Schicksal,
Arruns rings um Camilla, die hurtige, weit ihr an Kunst des
Speerwurfs voraus und sucht seines Glückes gelegensten Zufall.
Immer, wo rasend mitten im Heer sich tummelt die Jungfrau,
da schleicht Arruns heran und belauert still ihre Spuren.
Wo sie siegreich sich wendet und wieder vom Feinde sich absetzt,
da reißt listig der Jüngling herum im Galopp seine Zügel.
Zugang von hier und Zugang von dort und jeglichen Bogen
allseits versucht er und schüttelt voll Mordgier die treffende Lanze.
Kybeles Bergdienst geweiht war Chloreus, früher ihr Priester.
Weithin kenntlich strahlte er jetzt in Phrygierwaffen,
trieb sein schäumend Roß; ein Fell, aus ehernen Schuppen,
dicht benagelt mit Gold, bedeckte es wie ein Gefieder.
Aber er selbst, hellstrahlend in fremdländisch-rostbraunem Purpur,
schoß gortynische Pfeile vom hürnenen Lykierbogen;
golden hing von der Schulter dem Seher der Köcher, sein Helm war
golden; die knisternden Falten des Krokusmantels aus feiner
Leinwand hielt er zum Knoten gerafft mit rotgelbem Golddorn.
Buntbestickt waren Rock und Beinkleid, Tracht der Barbaren.
Diesen verfolgte, vielleicht, um den Tempeln Waffen aus Troja
anzuheften, vielleicht, um mit Beutegold selber zu prangen,
wie auf der Jagd den e i n e n aus all dem Schlachtengetümmel
blindlings Camilla und stürmte unachtsam fort durch das ganze
Heer, von weiblicher Sucht entbrannt nach glänzender Beute.
Da nimmt endlich den Augenblick wahr und wirft sein Geschoß vom
Hinterhalt Arruns und fleht zu den Himmlischen so im Gebete:
„Höchster der Götter, Schützer des hehren Sorakte, Apollo,
den ja w i r verehren, dem Fichtenglut sich im Holzstoß
nährt, für den, vertrauend der Frömmigkeit, mitten durch Feuer

cultores multa premimus vestigia pruna,
da, pater, hoc nostris aboleri dedecus armis.
omnipotens. non exuvias pulsaeve tropaeum   790
virginis aut spolia ulla peto, mihi cetera laudem
facta ferent: haec dira meo dum volnere pestis
pulsa cadat, patrias remeabo inglorius urbes.'
audiit et voti Phoebus succedere partem
mente dedit, partem volucris dispersit in auras: 795
sterneret ut subita turbatam morte Camillam,
adnuit oranti; reducem ut patria alta videret,
non dedit, inque notos vocem vertere procellae.
ergo ut missa manu sonitum dedit hasta per auras,
convertere animos acris oculosque tulere   800
cuncti ad reginam Volsci. nihil ipsa neque aurae
nec sonitus memor aut venientis ab aethere teli,
hasta sub exsertam donec perlata papillam
haesit virgineumque alte bibit acta cruorem.
concurrunt trepidae comites dominamque ruentem   805
suscipiunt. fugit ante omnis exterritus Arruns
laetitia mixtoque metu nec iam amplius hastae
credere nec telis occurrere virginis audet.
ac velut ille, priusquam tela inimica sequantur,
continuo in montis sese avius abdidit altos   810
occiso pastore lupus magnove iuvenco,
conscius audacis facti, caudamque remulcens
subiecit pavitantem utero silvasque petivit:
haud secus ex oculis se turbidus abstulit Arruns
contentusque fuga mediis se inmiscuit armis.   815
illa manu moriens telum trahit, ossa sed inter
ferreus ad costas alto stat volnere mucro.
labitur exsanguis, labuntur frigida leto
lumina, purpureus quondam color ora reliquit.
tum sic exspirans Accam ex aequalibus unam   820
adloquitur, fida ante alias quae sola Camillae,
quicum partiri curas; atque haec ita fatur:
'hactenus, Acca soror, potui, nunc volnus acerbum

wir, die Verehrer, zu Fuß hinwandeln auf glühenden Kohlen:
Vater, laß diese Schmach durch unsere Waffen getilgt sein,
Allmachtsherr! Nicht Rüstung begehre ich, nicht der besiegten
Jungfrau Trophäe, nicht irgendwie Beute — Ehre wird andres
Werk mir erwerben — wenn nur, verwundet von mir, dieses grause
Scheusal fällt, will gern ich ruhmlos kehren zur Heimat."
Phoebus vernahm's und gewährte im Herzen Erfüllung dem einen
Teile der Bitte, zerstreute den andern in flüchtige Lüfte:
niederzustrecken in jähem Tod die verwirrte Camilla,
gab er dem Bittenden, wiederzusehn des Vaterlands Höhen,
gab er nicht. Fortriß der Sturm dies Wort in die Winde.
Als ihm jetzt aus der Hand hinsauste der Speer durch die Lüfte,
wandten, gespannt vor Erregung, sich um und kehrten zur Fürstin
alle Volsker den Blick; sie selbst beachtete nicht das
Zischen der Luft und nicht das Geschoß, das vom Äther heranflog,
bis sich unter der bloßen Brust einbohrte der Speer und
hing und, tief getrieben, trank den Blutquell der Heldin.
Hastig lief ihr Gefolge herbei und fing aus dem Sturz die
Herrin auf. Da flieht vor allen schreckensbleich Arruns,
Jubel vermischt sich in ihm mit Angst; nicht wagt er, dem Speer noch
weiter zu trauen und nicht, sich zu stellen den Waffen der Jungfrau.
Also verbirgt, daß feindlich Geschoß nicht vorher ihn treffe,
abseits vom Wege sogleich sich in hohen Bergen der Wolf, der
eben den Hirten oder den kräftigen Jungstier ermordet,
wohl sich bewußt der verwegenen Tat, und zieht seinen Schwanz ein,
biegt ihn ängstlich unter den Bauch und entweicht in die Wälder.
Ebenso wich auch Arruns verstört aus dem Blickfeld und tauchte,
wohl zufrieden mit seiner Flucht, wieder unter im Heere.
Sterbend zerrt Camilla am Speer; doch zwischen den Rippen-
knochen in tiefer Wunde steht die eiserne Spitze.
Blutlos wankt sie und sinkt, es wanken glasig im Tod die
Augen, der Purpurglanz, so frisch einst, schwindet dem Antlitz.
Röchelnd im letzten Hauch, spricht einzig aus dem Gefolge
jetzt sie zu Acca, die einzig vor andern treu war Camilla,
und mit der sie teilte die Sorgen; also nun spricht sie:
„Acca, Schwester, soweit hatt' ich Kraft; nun schwächt mich die herbe

conficit et tenebris nigrescunt omnia circum.
effuge et haec Turno mandata novissima perfer: 825
succedat pugnae Troianosque arceat urbi.
iamque vale.' simul his dictis linquebat habenas,
ad terram non sponte fluens. tum frigida toto
paulatim exsolvit se corpore lentaque colla
et captum leto posuit caput; arma relinquunt 830
vitaque cum gemitu fugit indignata sub umbras.
tum vero inmensus surgens ferit aurea clamor
sidera, deiecta crudescit pugna Camilla,
incurrunt densi simul omnis copia Teucrum
Tyrrhenique duces Euandrique Arcades alae. 835

XII

Iunonem interea rex omnipotentis Olympi
adloquitur fulva pugnas de nube tuentem:
'quae iam finis erit, coniunx, quid denique restat?
Indigetem Aenean scis ipsa et scire fateris
deberi caelo fatisque ad sidera tolli. 795
quid struis aut qua spe gelidis in nubibus haeres?
mortalin decuit violari volnere divom,
aut ensem — quid enim sine te Iuturna valeret? —
ereptum reddi Turno et vim crescere victis?
desine iam tandem precibusque inflectere nostris. 800
ne te tantus edat tacitam dolor et mihi curae
saepe tuo dulci tristes ex ore recursent.
ventum ad supremum est. terris agitare vel undis
Troianos potuisti, infandum accendere bellum,
deformare domum et luctu miscere hymenaeos: 805
ulterius temptare veto.' sic Iuppiter orsus;
sic dea summisso contra Saturnia voltu:
'ista quidem quia nota mihi tua, magne, voluntas
Iuppiter, et Turnum et terras invita reliqui;
nec tu me aëria solam nunc sede videres 810

Wunde, und alles umher wird schwarz von wogendem Dunkel.
Eile und bringe dem Turnus hier meinen letzten Auftrag:
Nachrücken soll er zur Schlacht, vor den Troern schützen die Stadt — und
nun leb wohl!" So sprach sie und ließ entfallen die Zügel,
glitt — nicht willig — zur Erde hinab. Dann streckte sie, kalt am
ganzen Leib, allmählich sich aus und legte den schwanken
Hals und das Haupt, gepackt vom Tod, hinsank die Wehr, ihr
Leben fuhr, aufstöhnend, voll Unmut hinab zu den Schatten.
Da aber hob sich maßlos Geschrei und schlug an die goldnen
Sterne; wild wuchs wieder die Schlacht nach dem Sturze Camillas.
Anstürmt dicht geballt die ganze Menge der Teukrer,
Führer tyrrhenischen Volks und Euanders Arkaderscharen.

12

Aber der Fürst des Olymps, des allmächtigen, spricht unterdes zu
Juno, die aus dunklem Gewölk die Kämpfe betrachtet:
„Wie soll dies noch enden, Gemahlin, was zuletzt bleibt noch?
Weißt du doch selbst und gestehst, es zu wissen: Aeneas gehört als
Vaterlandsgott dem Himmel, ihn hebt zu den Sternen die Sendung.
Was also planst du und hoffst du und hockst in eisigen Wolken?
Ziemte sich's wohl, durch Menschenhand einen Gott zu verletzen,
oder dem Turnus das Schwert — was wär ohne dich denn Juturna? —
wiederzugeben, nachdem es entrafft, und Besiegte zu stärken?
Gib denn endlich auf und beuge dich unseren Bitten!
Möge nicht solcher Gram dich nagen im Stillen, nicht Kummer
oft aus süßem Munde von dir so herbe mich treffen!
Jetzt ist das Äußerste da. Zu Lande oder auf Wogen
konntest du jagen die Troer, unsagbaren Krieg hier entflammen,
gräßlich schlagen das Haus und trüben mit Leid die Vermählung:
mehr noch zu wagen, verbiete ich dir." So Juppiters Rede.
Antwort gab Saturnia so, tiefneigend ihr Antlitz:
„Freilich, weil mir dieser dein Wille bekannt ist, erhabner
Juppiter, ließ ich Turnus — doch ungern! — hilflos auf Erden.
Nimmer sähst du mich sonst hier allein auf luftigem Thron jetzt

digna indigna pati, sed flammis cincta sub ipsam
starem aciem traheremque inimica in proelia Teucros.
Iuturnam misero, fateor, succurrere fratri
suasi et pro vita maiora audere probavi,
non ut tela tamen, non ut contenderet arcum; 815
adiuro Stygii caput inplacabile fontis,
una superstitio superis quae reddita divis.
et nunc cedo equidem pugnasque exosa relinquo.
illud te, nulla fati quod lege tenetur,
pro Latio obtestor, pro maiestate tuorum: 820
cum iam conubiis pacem felicibus, esto,
component, cum iam leges et foedera iungent,
ne vetus indigenas nomen mutare Latinos
neu Troas fieri iubeas Teucrosque vocari
aut vocem mutare viros aut vertere vestem. 825
sit Latium, sint Albani per saecula reges,
sit Romana potens Itala virtute propago;
occidit, occideritque sinas cum nomine Troia.'
olli subridens hominum rerumque repertor:
'es germana Iovis Saturnique altera proles, 830
irarum tantos volvis sub pectore fluctus.
verum age et inceptum frustra submitte furorem:
do, quod vis, et me victusque volensque remitto.
sermonem Ausonii patrium moresque tenebunt,
utque est, nomen erit; commixti corpore tantum 835
subsident Teucri. morem ritusque sacrorum
adiciam faciamque omnis uno ore Latinos.
hinc genus Ausonio mixtum quod sanguine surget,
supra homines, supra ire deos pietate videbis,
nec gens ulla tuos aeque celebrabit honores.' 840
adnuit his Iuno et mentem laetata retorsit.
interea excedit caelo nubemque relinquit.

[...]   Aeneas instat contra telumque coruscat
ingens arboreum et saevo sic pectore fatur:
'quae nunc deinde mora est aut quid iam, Turne, retractas?
non cursu, saevis certandum est comminus armis. 890

Ehre und Schmach erfahren, ich stände, von Flammen umgürtet,
mitten im Heer und hetzte zu grimmem Gefechte die Teukrer.
Wohl, ich riet Juturna, dem armen Bruder zu helfen,
billigte, daß sie mehr, als erlaubt, für sein Leben wage,
nicht aber riet ich zum Schuß, nicht ließ ich spannen den Bogen;
wahrlich, beim gnadenlosen Quell des stygischen Stromes
schwör ich's, der einzig furchtbaren Macht für himmlische Götter.
Und jetzt weiche ich denn, verlasse voll Abscheu die Kämpfe.
Doch um das, was kein Gesetz des Schicksals verbietet,
bitte ich flehend für Latium dich, für die Hoheit der Deinen:
wenn sie Frieden nun schließen bei — sei's denn! — glücklichen Ehen,
wenn sie zum Bunde sich nun unter gleichen Gesetzen vereinen,
laß die Söhne des Landes den alten Namen „Latiner"
niemals ändern, Troer nicht werden, Teukrer nicht heißen,
weder Landessprache noch Landestrachten verändern.
Latium bleibe, es seien Albaner jahrhundertlang Herrscher,
mächtig bleibe durch Italerkraft der römische Neuwuchs;
tot ist, tot laß bleiben hinfort mit Namen auch Troja!"
Lächelnd erwidert ihr der Menschen und Dinge Begründer:
„Du bist Juppiters Schwester, der zweite Sproß des Saturnus,
Grolles Wogen bewegst du darum so gewaltig im Herzen.
Aber wohlan, nun laß das vergeblich begonnene Wüten:
gebe ich doch, was du willst, und lasse mich willig besiegen.
Vätersprache und Brauch behalten die Aúsoner, auch ihr
Name bleibt, wie er ist; nur leiblich mischen und ordnen
ihnen die Teukrer sich unter; ich stifte die Ordnung des Kultes
neu und mache aus allen durch e i n e Sprache Latiner.
Dieses Geschlecht, das mit Aúsonerblut vermischt, von hier aufwächst,
siehst du Menschen und Götter an Frömmigkeit einst überragen,
und kein Volk wird diesem gleich dich feiern und ehren."
Juno stimmte dem zu und bezwang nun freudig ihr Grollen.
So entschwand sie dem Himmelsraum und verließ ihre Wolke. [...]
  Drohend steht vor dem Feind Aeneas und schwingt seine Waffe
wuchtig wie einen Baum und spricht aus grimmigem Herzen:
„Was hält jetzt noch auf, was zagst du weiter noch, Turnus?
Nicht im Lauf, sondern Mann gegen Mann gilt's grimmigen Kampf jetzt.

verte omnis tete in facies et contrahe, quidquid
sive animis sive arte vales; opta ardua pennis
astra sequi clausumque cava te condere terra.'
ille caput quassans: 'non me tua fervida terrent
dicta, ferox: di me terrent et Iuppiter hostis.' 895
nec plura effatus saxum circumspicit ingens,
saxum antiquom ingens, campo qui forte iacebat
limes agro positus, litem ut discerneret arvis.
vix illud lecti bis sex cervice subirent,
qualia nunc hominum producit corpora tellus: 900
ille manu raptum trepida torquebat in hostem
altior insurgens et cursu concitus heros.
sed neque currentem se nec cognoscit euntem
tollentemve manus saxumve inmane moventem;
genua labant, gelidus concrevit frigore sanguis. 905
tum lapis ipse viri, vacuum per inane volutus,
nec spatium evasit totum neque pertulit ictum.
ac velut in somnis, oculos ubi languida pressit
nocte quies, nequiquam avidos extendere cursus
velle videmur et in mediis conatibus aegri 910
succidimus; non lingua valet, non corpore notae
sufficiunt vires, nec vox aut verba secuntur:
sic Turno, quacumque viam virtute petivit,
successum dea dira negat. tum pectore sensus
vertuntur varii. Rutulos adspectat et urbem 915
cunctaturque metu telumque instare tremescit;
nec quo se eripiat, nec qua vi tendat in hostem,
nec currus usquam videt aurigamve sororem.
cunctanti telum Aeneas fatale coruscat
sortitus fortunam oculis et corpore toto 920
eminus intorquet. murali concita numquam
tormento sic saxa fremunt nec fulmine tanti
dissultant crepitus. volat atri turbinis instar
exitium dirum hasta ferens orasque recludit
loricae et clipei extremos septemplicis orbis. 925
per medium stridens transit femur. incidit ictus

Wandle dich nur in jede Gestalt und balle, was immer
du an Mut vermagst und Geschick; wünsch hoch dich empor zu
Sternen zu schwingen oder im Schoß dich zu bergen der Erde!"
Kopfschüttelnd antwortet Turnus: „Nicht schrecken mich, Grausamer, deine
wütenden Worte, mich schrecken die Götter und Juppiters Feindschaft."
Sprach nicht weiter und sah sich um nach riesigem Blocke,
riesigem, alten Block, der zufällig lag im Gefild als
Grenzstein der Feldmark gesetzt, den Streit um die Flur zu entscheiden.
Kaum brächten zwölf mit dem Nacken ihn hoch, erlesen aus allen
Männern, wie jetzt sie an Körperkraft die Erde hervorbringt.
Turnus packte ihn hastig und schwang ihn wider den Gegner,
reckte sich höher empor, der Held, nahm hitzig den Anlauf.
Aber er kannte sich weder im Lauf noch im Gange mehr wieder,
noch, wie die Hände er hob und den Block, den riesigen, schwang; ihm
wankten die Knie, sein Blutstrom gerann in eisigem Schauder.
Da überflog auch der Stein, vom Helden gestoßen, durch leere
Luft seinen Raum nicht ganz, schlug nicht mit Wucht ins Ziel ein.
Wie wir im Traum, wenn lastender Schlaf die Augen beschwert bei
Nacht, wohl wähnen, wir wollten umsonst zu hitzigem Lauf uns
spannen und wie wir mitten im Mühen müde erliegen,
nichts die Zunge vermag und nicht die sonst so vertrauten
Kräfte im Körper genügen, nicht Laut oder Rede sich fügen,
so versagt dem Turnus, wie sehr er auch mannhaft sich müht, die
grausige Göttin jeden Erfolg. Da wogen im Herzen
wirr die Entschlüsse; er blickt zu den Rutulern hin und zur Stadt und
zögert aus Angst und bebt vor dem Drohen des Speeres und sieht nicht,
wo er noch ausbrechen kann oder wuchtig packen den Gegner,
nirgendwo sieht er den Wagen und sie, die ihn lenkte, die Schwester.
Gegen den Zögernden schwingt Aeneas die tödliche Waffe,
sucht mit den Augen den richtigen Punkt und schleudert mit voller
Wucht von ferne den Speer; so sausen nimmer die Blöcke,
fliegend aus grobem Mauergeschütz, nicht kracht es so hart und
grell vom Blitz; hinfliegt wie ein düsterer Wirbel des Windes,
grauses Verderben bringend, der Speer, zerschmettert den Panzer
unten, zuvor noch den Rand des siebenhäutigen Schildes.
Zischend durchbohrt er die Mitte des oberen Schenkels; getroffen

ingens ad terram duplicato poplite Turnus.
consurgunt gemitu Rutuli totusque remugit
mons circum, et vocem late nemora alta remittunt.
ille humilis supplex oculos dextramque precantem 930
protendens: 'equidem merui nec deprecor' inquit,
'utere sorte tua. miseri te si qua parentis
tangere cura potest, oro — fuit et tibi talis
Anchises genitor — Dauni miserere senectae
et me seu corpus spoliatum lumine mavis 935
redde meis. vicisti, et victum tendere palmas
Ausonii videre; tua est Lavinia coniunx:
ulterius ne tende odiis.' stetit acer in armis
Aeneas volvens oculos dextramque repressit;
et iam iamque magis cunctantem flectere sermo 940
coeperat, infelix umero cum apparuit alto
balteus et notis fulserunt cingula bullis
Pallantis pueri, victum quem volnere Turnus
straverat atque umeris inimicum insigne gerebat.
ille, oculis postquam saevi monumenta doloris 945
exuviasque hausit, furiis accensus et ira
terribilis: 'tune hinc spoliis indute meorum
eripiare mihi? Pallas te hoc volnere, Pallas
immolat et poenam scelerato ex sanguine sumit.'
hoc dicens ferrum adverso sub pectore condit 950
fervidus; ast illi solvontur frigore membra
vitaque cum gemitu fugit indignata sub umbras.

stürzt, das Knie geknickt, voll Wucht auf den Erdboden Turnus.
Jammernd springen die Rutuler auf, dumpf dröhnt es vom ganzen
Berge zurück, weit hallen vom Schrei die ragenden Wälder.
Turnus erhebt jetzt demütig flehend den Blick und die Hand zur
Bitte und spricht: „Ich hab' es verdient und erbitte nicht Gnade.
Nütze dein Glück! Doch kann der Gedanke an meinen armen
Vater dich irgendwie rühren, so bitte ich, — war doch auch dir ein
solcher Vater Anchises — hab' Mitleid mit Daunus, dem Greise,
gib mich oder — wenn lieber du willst — den des Lebens beraubten
Leib den Meinen! Du siegtest; mich sahn als Besiegten die Hände
heben die Aúsoner; dein ist Lavinia nun als Gemahlin.
Weiter dringe nicht vor im Haß!" Wild stand dort in Waffen
jetzt Aeneas, rollte die Augen, hemmte die Rechte;
mehr und mehr schon begann die Rede den Zögernden mild zu
stimmen, da blitzte zum Unglück das Wehrgehenk hoch auf der Schulter,
funkelte hell mit vertrauten Buckeln der Gürtel des jungen
Pallas, i h n hatte Turnus besiegt und mit tödlicher Wunde
niedergestreckt; nun trug er den feindlichen Schmuck auf der Schulter.
Als Aeneas dies Mahnmal des grimmigen Schmerzes, die Beute,
nahe vor Augen sah, da rief er, lodernd vor Wut und
schrecklich im Zorn: „Sollst du mir jetzt, mit den Waffen der Meinen
prunkend, entkommen? Pallas erschlägt dich hier mit dem Hiebe,
Pallas nimmt an deinem, des Frevlers, Blute nun Rache."
Also wütend stößt er tief sein Schwert in die Brust ihm,
dem aber sinken im Todesfrost die Glieder dahin, sein
Leben fährt, aufstöhnend, voll Unmut hinab zu den Schatten.

ANHANG

INHALTSÜBERSICHT

Erstes Buch

Thema des Epos und Musenanruf (1–11)	6
Junos Zorn (12–33)	6
Juno und Aeolus (50–80)	8
Der Seesturm (81–123)	8
Neptun glättet die See (124–156)	12
Gestrandet in Libyen (157–222)	14
Jupiters Prophezeiung (223–296)	18
Freundliche Aufnahme in Karthago (297–304)	22
Didos Bitte (748–756)	22

Zweites Buch

Aeneas erzählt (1–13)	22
Das hölzerne Pferd (14–66)	24
Laokoon (195–227)	26
Das hölzerne Pferd in der Stadt (228–267)	28
Aeneas' Traum (268–297)	30
Aeneas im Kampf um Troja (298–369; 559–566)	32/36
Venus erscheint Aeneas (588–633)	36
Der Vater Anchises (634–704)	40
Crëusa (705–804)	44

Drittes Buch

Auf den Spuren des Odysseus (558–691) 50

Viertes Buch

Didos Liebe zu Aeneas (1–30) 58
Aeneas und Dido in der Grotte (160–195) 58
Merkur mahnt zur Abreise (259–295) 60
Didos Vorwürfe und Aeneas' Rechtfertigung (296–396) . . 62
Didos Fluch und Tod (584–666) 68

Sechstes Buch

Aeneas in der Unterwelt (426–476) 74
Aeneas trifft Anchises (679–751) 76
Roms Zukunft und Auftrag (752–853) 80

Siebentes Buch

Das Bündnis mit Latinus (107–285) 86
Junos erneuter Groll und die Furie Alecto (286–340) . . . 96
Alecto und Turnus (406–474) 100

Achtes Buch

Aeneas bei Euander (310–368) 104
Aeneas' Schild (608–731) 106

Neuntes Buch

Nisus und Euryalus (176–449) 114

Zehntes Buch

Turnus tötet Pallas im Zweikampf (441–509) 130
Lausus fällt durch Aeneas (789–832) 134

Elftes Buch

Bestattung der Toten (182–202) 136
Camillas Kampf und Tod (648–835) 138

Zwölftes Buch

Jupiters und Junos Versöhnung (791–842) 148
Der Kampf zwischen Aeneas und Turnus (887–952) 150

EINFÜHRUNG

Eine Auswahl von ca. 2600 Versen aus einem Gesamtwerk zu treffen, das immerhin nicht viel weniger als 9900 Verse umfaßt, bedarf einer Begründung: Die vorliegende Auswahl ist ein Versuch, einen Zugang zu einem Werk der Weltliteratur offen zu halten, das trotz seiner unbeschreiblichen Wirkung auf Europa und die Welt in Vergessenheit zu geraten droht. Ein wohl nicht reversibler Verlust. Aber wenn es zutrifft, daß junge Menschen auf der Suche nach Orientierung, nach Maßstäben und Regeln zunehmend von Vorbildern aus virtuellen Welten beeinflußt werden, zu denen sie mit Hilfe der neuen Medien Zugang gewinnen – warum sollte dann eine vergleichbare Wirkung nicht auch von dem Medium „fiktionale Literatur" ausgehen? Je größer die Faszination durch Virtual reality ist, desto ausgeprägter könnte die Disposition für eine intensive Auseinandersetzung mit entsprechend präsentierter Literatur sein. Wer sich durch Science fiction in ferne Zukunftswelten entführen oder von urweltlichen Monstern in Schrecken setzen läßt, sollte vielleicht auch bereit sein, dem vergilischen Aeneas zu folgen, allerdings weniger dem Aeneas, der Vergils Deutung der römischen Geschichte verkörpert; denn das ewige römische Reich, das Aeneas in den Augen des Dichters begründete und Augustus vollendete, ist untergegangen: Was an der *Aeneis* interessant ist, ist deshalb nicht ihre politische Tendenz; sie ist nach 2000 Jahren bedeutungslos. Bedeutsam und über die historische Bedingtheit hinausweisend ist das Universale, das Exemplarische, das Allgemein-Menschliche, das das geschilderte Geschehen bestimmt. In der *Aeneis* steckt wie in anderen bedeutenden Werken der Literatur ein kaum ausschöpfbarer Schatz menschlicher Erfahrung. Warum sollte es nicht möglich sein, diesen Schatz durch eine „humane Interpretation"[1] zu heben? Aeneas erschiene dann als ein religiös gebundener Mensch in der Auseinandersetzung zwischen Pflicht und Neigung[2]. „Unter einem solchen Generalthema könnte man die wichtigsten Aspekte des Vergilischen Werkes subsumieren" (Suerbaum 1979, 122 f.). Unter dem Aspekt der „Neigung" wären das Verhältnis zu Dido (im 4. Buch), die Bindung an das alte Troja und das heroische Heldenideal zu betrachten. Unter dem Aspekt der „Pflicht" wäre der religiöse Glaube des Aeneas an seine politisch-imperiale Bestimmung und seine Bereitschaft zur Erfüllung des Schicksals zu sehen. Eine solche Figur, die nicht sich selbst zu verwirklichen versucht, sondern für die Erfüllung einer Aufgabe lebt (konkret für die Verwirklichung der geschichtlichen Sendung Roms), dürfte den Menschen von heute zwar nicht ohne weiteres zur Identifikation einladen, aber doch wenigstens dazu anregen, über einen keineswegs selbstverständlichen Lebensentwurf zu reflektieren.

Wenn der Text dazu auffordert, in diesem Sinne nachzudenken, hat er seinen Appellcharakter, sein Anregungs- oder Herausforderungspotential zur Wirkung gebracht. „Der vergilische Aeneas wird wohl bestenfalls widerwillige Anerkennung als eine Art stoischer Held oder edler Römer evozieren, und es ist zu erwarten, daß gerade junge Menschen einem Mann, der der Pflicht, dem Fatum, und schon gar einem politisch-imperialistischen Fatum, den Vorrang eingeräumt hat (in der Begegnung mit Dido unverkennbar auf Kosten der Humanität), keine besonderen Sympathien entgegenbringen. Aber der Text und die Darstellung Vergils werden dazu zwingen, sich mit dem Problem

---

1 Vgl. W. Suerbaum: Vergils Aeneis. Zur Problematik der Rezeption eines klassischen Werkes in der Forschung und im Gymnasialunterricht, in: Neukam, P. (Hg.): Erbe, das nicht veraltet, München 1979, 97–141, bes. 121 ff.
2 Vgl. auch F. Loretto: Aeneas zwischen Liebe und Pflicht. Ein Beitrag zur Interpretation von Vergil, Aeneis IV 331–361, in: Der Altsprachliche Unterricht 13, 5, 1970, 27–40.

der Pflicht überhaupt auseinanderzusetzen" (Suerbaum 1979, 138). In diesem Sinne ist Aeneas zwar nicht Vorbild, aber Maßstab.

Eine in diesem Sinne „humane" Auseinandersetzung mit der *Aeneis* hätte den Helden Aeneas nicht mehr nur als Typos des Augustus, als Ur-Augustus, zum Thema, sondern als Exemplum eines Menschen zwischen Pflicht und Neigung, zwischen *labor* und *otium*, gesellschaftlicher Leistung und individueller Selbstverwirklichung. Denn Aeneas ist das Exemplum eines Menschen, dem es versagt bleibt, sein persönliches Glück zu verwirklichen, weil er einen (göttlichen, „fatalen") Auftrag hat. Sein Lebenszweck ist die Erfüllung dieses Auftrags – trotz vieler Anfechtungen. Er weiß um das Leid, das er anderen in der Erfüllung seiner Pflicht zufügt, und er leidet an der Verantwortung für seinen Auftrag. Er zweifelt am Sinn seines Tuns und handelt in vielen Situationen auf eine uns nicht verständliche Weise. Er bleibt uns in manchem fremd und unheimlich wie die Umstände, unter denen er zu handeln verpflichtet ist. Sein Verhalten ist von einem „Helden-Reflex" (Suerbaum 1979, 128), dem *heroic impulse*, dem bedingten Reflex der heroischen Tat, bestimmt – vor allem im 2. Buch, wo er trotz der Sinnlosigkeit des Kampfes im brennenden Troja zu den Waffen greift, von „rasendem Zorn" (*furor iraque* 2, 316) gepackt, und wo es ihm „schön vorkommt, kämpfend zu sterben" (*pulchrumque mori succurrit in armis* 2, 317). Aber daß der Dichter den Helden darüber reflektieren läßt, stimmt uns versöhnlich, läßt er ihn doch im nachhinein ausrufen: „Sinnlos ergreif' ich die Waffen; und im Kämpfen liegt nicht genug Vernunft" (*arma amens capio; nec sat rationis in armis* 2, 314).

Schon hier beginnt der Leser zu begreifen, daß Aeneas eine Rolle zu spielen hat, die seinem ebenso aristokratischen wie archaischen Milieu entspricht, und daß der heroische Impuls ein durch dieses Milieu bedingter Reflex ist, der natürlich zu allen Zeiten in analogen Situationen seine (selbst)zerstörerische Wirkung zeigt.

Es spricht vieles dafür, daß wir, die Menschen der Moderne, Aeneas viel näher sind, als wir es zugeben wollen. Es wäre ein schönes Ziel unserer Auseinandersetzung mit Vergils Aeneas, wenn wir in ihm einige Konturen unseres eigenen Spiegelbildes erkennen würden – vor dem Hintergrund des apollinischen „Erkenne dich selbst als ein sterbliches Wesen, das immer wieder Fehler macht". Das könnte der „Appell" sein, der dem Gespräch mit Vergil seinen Sinn gibt.

Einen geradezu überwältigenden Appell birgt der Zweikampf zwischen Aeneas und Turnus am Schluß des Werkes (12, 887–952): Von Wut gepackt tötet Aeneas im Widerspruch zum römischen Grundsatz des *parcere subiectis* (6, 853) einen Besiegten und Wehrlosen, überwältigt vom Bedürfnis nach Rache. Der *pius Aeneas* will dem schon besiegten und völlig wehrlosen Turnus zunächst das Leben schenken. Dieser erhebt flehend (*supplex*) seine Augen – Vergil charakterisiert sie als „demütig" (*humiles*) – zu Aeneas empor; seine rechte Hand streckt er mit der Geste eines Bittenden Aeneas entgegen und sagt: „Was mich betrifft, so habe ich es verdient und bitte nicht um Gnade für mich. Nutze dein Glück. Doch wenn dich irgendwie der Gedanke an meinen unglücklichen Vater rühren kann, dann bitte ich dich (es war doch auch dir Anchises ein solcher Vater), hab Erbarmen mit dem greisen Daunus und gib mich oder, wenn du es lieber willst, meinen toten Körper den Meinen zurück. Du hast gesiegt, und mich sahen besiegt die Ausonier die Hände heben. Dir gehört Lavinia als Gattin. Dringe nicht weiter vor mit deinem Haß." Turnus erkennt also seine Schuld an und unterwirft sich. Dann appelliert er an Aeneas' Mitleid. Mit seinen letzten Worten weist er auf das von Anchises verkündete römische Prinzip des *parcere subiectis et debellare superbos* (6, 853) hin. Aeneas ist zwar von den Worten des Turnus sehr beeindruckt. Dann aber sieht er die Beutestücke, die Turnus dem erschlagenen Pallas abgenommen hatte. Als Aeneas diese „Erinnerungsstücke eines wilden Schmerzes" (*saevi monimenta doloris*) erblickt, schreit er von Wahnsinn gepackt in schrecklichem Zorn: „Sollst du mir jetzt mit den Waffen der Meinen geschmückt entkommen? Pallas erschlägt dich mit einem Hieb, Pallas schlachtet dich und nimmt Rache an deinem verruchten Blut." Mit diesen Worten stößt Aeneas kochend vor Wut sein Schwert in Turnus' Brust.

Am Schluß der *Aeneis* handelt Aeneas also nicht anders als die Göttin Juno, die von Zorn (*ira*) getrieben den troischen Helden Aeneas leiden ließ und vernichten wollte. Der „ruchlose Wahnsinn" (*furor impius* 1, 294) des Krieges wird von Aeneas auf die Spitze getrieben. Spätestens hier stellt sich die Frage, ob dieser Aeneas wirklich als der Typos, das Urbild des Friedenskaisers Augustus gemeint sein kann. Wenn Vergil wirklich an seiner Typologie bis zum Schluß festhält, dann erinnert die Schilderung der Turnus-Tötung an Oktavians Taten in der Zeit vor und nach Caesars Ermordung. Denn obwohl Sueton in seiner Augustus-Biographie feststellt, der spätere Princeps habe nie ohne gerechten Grund und nie ohne Not Krieg geführt (21, 1) und sei von der Begierde, auf jede nur erdenkliche Weise das Reich und den Kriegsruhm zu vergrößern, weit entfernt gewesen, verschweigt er nicht dessen ganz anderes Verhalten nach der Schlacht bei Philippi 42 v. Chr. (Sueton 13, 1). Den Erfolg seines Sieges nutzte er keinesfalls maßvoll: Das Haupt des Caesarmörders Marcus Brutus schickte er nach Rom, um es vor die Statue Caesars werfen zu lassen. Einem prominenten Gefangenen, der ihn um eine würdige Bestattung anflehte (*uni suppliciter sepulturam precanti* Sueton 13, 2), antwortete er, dafür sorgten die Vögel. Es scheint, als ob Sueton hier den Dichter zitiere, hatte dieser (12, 930 f.) doch auch Turnus als „flehentlich Bittenden" (*supplex*) dargestellt, ohne daß er von Aeneas gehört wurde.

Nach seinem Sieg im Perusinischen Krieg (40 v. Chr.) habe Oktavian (Sueton 15, 1) zahlreiche Todesstrafen verhängt. Aus zuverlässigen Quellen weiß Sueton zu berichten, Oktavian habe 300 Personen aus dem Ritter- und Senatorenstand am 15. März an einem zu Ehren des Divus Iulius errichteten Altar wie Opfertiere abschlachten lassen. Auch Aeneas „opferte" Turnus seinem Freund Pallas.

Der heutige Leser sollte diese Mitteilungen des Sueton kennen, wenn er den von Vergil als Ur-Augustus gestalteten Aeneas in seinem Verhalten gegenüber Turnus zu verstehen versucht. Wenn aber Vergil an exponierter Stelle seines Werkes mit der Tötung des Turnus durch Aeneas tatsächlich an die Unmenschlichkeit des späteren Friedenskaisers Augustus im Umgang mit Caesars Gegnern erinnern wollte, dann erwiese sich Vergil trotz Jupiters Verheißung (Aeneis 1, 254–296) und trotz der Römerschau (6, 752–853 am Schluß des Werkes nicht mehr als der augusteische „Hofdichter", sondern als der kritische Intellektuelle, der die durchaus ambivalente „Menschlichkeit" des göttlichen Kaisers nicht aus den Augen verliert.

Unabhängig von der Frage, inwieweit Vergil anhand seines Aeneas den Kaiser kritisiert und diese Kritik vor allem in der Turnus-Szene artikuliert, geht es hier offensichtlich auch um die Glaubwürdigkeit des epischen Helden, über die Vergils Vorbilder, der homerische Odysseus und der Achilleus der *Ilias* zweifellos verfügen. Ein in jeder Hinsicht vollkommener *pius Aeneas* hätte kaum eine Chance, den Leser zu überzeugen. Erst durch die dunkle und abstoßende Seite seines Charakters wird Aeneas zu einem vollen Menschen. In der Terminologie der aristotelischen Poetik wird Aeneas erst dadurch glaubwürdig, daß er ein „mittlerer Charakter" ist, der sich weder durch sittliche Vollkommenheit auszeichnet, noch aufgrund von Schlechtigkeit und Schändlichkeit, sondern aufgrund falschen Verhaltens in bestimmten Situationen ins Unglück gerät. Daß Aeneas kein Paradigma menschlicher Vollkommenheit, kein ausschließlich pflichtbewußter stoischer Weiser ist[3], macht ihn sympathisch – im eigentlichen Sinne des Wortes. Seine negativen Züge lassen ihn zu einem Menschen von Fleisch und Blut werden.

Das Bild eines gegenüber Augustus kritisch-distanzierten Vergil wurde vor allem in der neueren englisch-amerikanischen Ver-

---

3 C. M. Bowra: Aeneas and the Stoic Ideal, in: Greece and Rome 3, 1933/1934, 8–21, hatte Aeneas als stoischen Helden interpretiert.

gilforschung herausgearbeitet⁴: Vergil spreche mit zwei Stimmen (*two voices*), mit einer offiziellen Stimme, einer *public voice*, mit der Vergil den Aufstieg Roms rühme, und mit einer privaten Stimme, einer *personal voice*, mit der Vergil seine eigene Meinung zum Ausdruck bringe. Die *personal voice* sei die Stimme des Mitgefühls für die Opfer, die die Durchsetzung der römischen Sendung mit sich gebracht habe, und die Stimme des Zweifels an der Gerechtigkeit der Sendung selbst. Vergil beklage den Verlust der Werte, die dem Aufstieg Roms zur Weltmacht zum Opfer gefallen seien. Vergil betone zwar die Größe der römischen Herrschaft, aber er beschreibe auch den schrecklichen Preis dieses Ruhmes. Was Vergil in der *Aeneis* thematisiere, *is not a sense of triumph, but a sense of loss*.

Das Werk zeige also einen doppelten, einen gebrochenen Vergil, der mit seiner *public voice* die Größe rühme, mit seiner *personal voice* aber den Verlust des Humanen beklage. Das Grundthema der *Aeneis* sei der Triumph der Gewalt und der *furor*, dem Aeneas selbst am Ende unterliege. Indem der Held der Gewalttätigkeit, der Kampf- und Zerstörungswut, der Rachsucht und dem blinden Zorn unterliege, erweise er sich als eine Verkörperung des *furor impius*. Er versage am Schluß und werde dadurch zum Verlierer gegenüber Turnus. Indem Vergil immer wieder auf die Grausamkeit und die entmenschlichende Wirkung des Krieges hinweise, stelle er den Krieg und die in ihm sich bewährenden Tugenden in Frage. Die *Aeneis* als Ganze erweise sich unter diesem Aspekt als ein pazifistisches, humanitäres Manifest⁵.

In der deutschen Vergilforschung wurde die *two-voices*-Theorie als unhaltbar zurückgewiesen: Antonie Wlosok⁶ hält dagegen, daß die *labores*, die Anstrengungen und Leiden, ein Leitmo-

---

4 Vgl. den Forschungsbericht von A. Wlosok: Vergil in der neueren Forschung, in: Gymnasium 80, 1973, 129–151. Ebenso W. Suerbaum: Vergils Aeneis. Beiträge zu ihrer Rezeption in Geschichte und Gegenwart, Bamberg 1981, 5–45.
5 Vgl. K. Quinn: Virgil's Aeneid. A Critical Description, London 1968.
6 Vergil in der neueren Forschung, in: Gymnasium 80, 1973, 129–151.

tiv der *Aeneis* seien. Man könne die ganze *Aeneis* verstehen als eine Auseinandersetzung mit der Frage nach dem Sinn der *labores* in der Geschichte. In der Tat fragt Venus bereits im 1. Buch: „Wie endest die Not du, mächtiger König?" (*Quem das finem, rex magne, laborum?* 1, 241). Jupiters Antwort lautet: „Sinn und Ziel der Weltgeschichte, deren Träger die Aeneaden und Römer sind, ist die Aufrichtung der Friedensherrschaft des Augustus, ... mit der die finsteren, zerstörerischen Mächte, eben der *furor impius*, überwunden ist" (Wlosok 1973, 148). Vergil habe in der teleologischen Deutung der Geschichte die Sinngebung der *labores* mitgefunden. Zu ihr gehöre auch die anthropologische Grundlehre der *Aeneis*, daß die Bestimmung des Menschen sich in geschichtlicher oder politischer Leistung erfüllt und nicht in der individuellen Selbstverwirklichung, in einem Leben voll *labor* und *virtus* (das ist das Vermächtnis des Aeneas an seinen Sohn: Aen. 12, 435: *Disce, puer, virtutem ex me verumque laborem, fortunam ex aliis*... („Lerne, mein Junge, die Tüchtigkeit von mir und die wirkliche Fähigkeit zu leiden, das Glück von anderen...") und nicht in einem Dasein des *otium*, der Muße und ruhigen Zurückgezogenheit ins Privatleben. Die Verurteilung der Tötung des Turnus entspreche modernem Empfinden. Man müsse die Motivierung des Tötungsaktes bei Vergil und die moderne Einstellung zur Tötung eines Besiegten auseinanderhalten: Turnus habe als vielfacher Kriegsverbrecher den Tod verdient. Er habe sich gegen *pietas* und *fides* versündigt (durch die Tötung des Pallas und den Vertragsbruch im 12. Buch). Aeneas hingegen führe im Auftrag der Götter Krieg. Zu diesem Auftrag gehöre das *debellare superbos*. „Aeneas führt ... einen heiligen Krieg im Namen Jupiters, und das ist im Namen der Ordnung und des Rechts, man kann auch sagen, im Dienst der römischen Befriedungsmission. Die Ahndung von Frevel und Gewalt gehört nach der Darstellung Vergils mit zur Sendung des Aeneas. Die Tötung des Turnus fällt unter sein Straf- und Vergeltungsamt ... Der Zorn des Aeneas über den Frevler ist sozusagen ein heiliger Zorn" (Wlosok 1973, 150).

Trotz aller (wohl auch berechtigten) Einwände hat ein Forschungsansatz wie die *Two-Voices*-Theorie[7] eine unbestreitbar motivierende Wirkung auf den modernen Leser. Die Unterscheidung einer *personal voice* von einer *public voice* des Dichters gibt der Auseinandersetzung mit Vergil Impulse, die von heutigen Lesern aufgegriffen werden: Vergil erscheint nicht mehr nur als der Poet, der den römischen Imperialismus verherrlicht, sondern als der Kritiker einer letzten Endes mörderischen Ideologie. Das Anregungspotential dieser Vergilinterpretation[8], die zwar aus Vergil hinweginterpretiert, was ihr nicht gefällt, und hineininterpretiert, was sie gern hören möchte, sollte aber nicht unterschätzt werden. Die Herausforderung, die von einer wissenschaftlich fragwürdigen Interpretation ausgeht, nicht aufzunehmen, wäre ein großer Fehler. Denn gerade die Interpretationsergebnisse, die den Philologen beunruhigen, sind doch meist bedingt durch eine sehr aktuelle, gegenwartsbezogene und – zugegeben – auch unhistorische Sicht des Interpreten. Wer als Mensch des dritten Jahrtausends manches in Vergil hineinliest, was seinem von den Problemen der Gegenwart begrenzten oder verfinsterten Horizont entspricht, liest ihn wenigstens und setzt sich mit ihm auseinander, um für sich selbst etwas zu gewinnen. Daß eine derartige gegenwartsfixierte Vergil-Interpretation während der Arbeit am Text zurechtgerückt und relativiert werden muß, versteht sich von selbst.

---

7 Eine bemerkenswerte Auseinandersetzung mit der *Two-Voices*-Theorie bietet M. Vielberg: Zur Schuldfrage in Vergils Aeneis, in: Gymnasium 101, 1994, 408-428.

8 A. Wlosok hält der englisch-amerikanischen Forschung entgegen, ihre Ergebnisse seien symptomatisch für die zunehmende Vernachlässigung h i s t o r i s c h e r Interpretation und die verbreitete Unfähigkeit zu geschichtlichem Verstehen.

LITERATURHINWEISE

Textausgaben

R. A. B. Mynors, Oxford 1969.
R. Sabbadini. 2 Bde., Rom 1930.

Kommentare

Connington, J. / Nettleship, H.: The Works of Virgil. Bd. 2 und 3, (4) 1884 und (3) 1883, Nachdr. Hildesheim 1963.
Glücklich, H.-J.: Interpretationen und Unterrichtsvorschläge zu Vergils Aeneis, Göttingen 1984.
Williams, R. D.: The Aeneid of Virgil. With Introd. and Notes. 2 Bde., London 1972 und 1973.

Übersetzungen

Binder E. und G., Stuttgart 1994 ff.
Ebener, D., Berlin/Weimar 1984.
Ebersbach, V., Leipzig ³1993.
Scheffer, Th. v., Wiesbaden 1953 und München ³1981.
Schröder, R. A., Frankfurt a. M. 1991.
Staiger, E., Zürich/München 1982.

Schulausgaben

Glücklich, H.-J.: Überblick über einige Schulausgaben der Aeneis und grundsätzliche Überlegungen zur Gestaltung von Textausgaben, in: Gymnasium 91, 1984, 119–134.

Darstellungen

Albrecht, M. v.: Geschichte der römischen Literatur, Bern ²1994, 531–561.
Altevogt, H.: Vergil, in: Krefeld, H. (Hg.): Interpretationen lateinischer Schulautoren mit didaktischen Vorbemerkungen, Frankfurt a. M. 1968, 83–105.

Binder, G.: Aitiologische Erzählung und augusteisches Programm in Vergils Aeneis, in: Binder, G. (Hg.): Saeculum Augustum. Bd. 2, Darmstadt 1988, 255–287.

Buchheit, V.: Vergil über die Sendung Roms, Heidelberg 1963.

Buchheit, V.: Vergil im Unterricht, in: Hörmann, F. (Hg.): Neue Einsichten, München 1970, 42–60.

Büchner, K.: Publius Vergilius Maro: Der Dichter der Römer, Stuttgart 1959.

Büchner, K.: Vergils Aeneis, in: Der Altsprachliche Unterricht 4, 2, 1959, 28–45.

Burck, E.: Vergils Aeneis, in: Burck, E. (Hg.): Das römische Epos, Darmstadt 1979, 51–119.

Cairns, F.: Virgil's Augustan epic, Cambridge 1989.

Camps, W. A.: An introduction to Virgil's Aeneid, Oxford 1969.

Fuhrmann, M.: Geschichte der römischen Literatur, Stuttgart 1999, 196–213.

Gransden, K. W.: Virgil. The Aeneid, Cambridge 1990.

Grimal, P.: Virgile ou la seconde naissance de Rome, Paris 1985.

Hardie, Ph. R.: Virgil's Aeneid. Cosmos and Imperium, Oxford 1986.

Heinze, R.: Vergils epische Technik, Leipzig [3]1915.

Klingner, F.: Vergil. Bucolica, Georgica, Aeneis, Zürich/Stuttgart 1967.

Otis, B.: Virgil, A Study in Civilized Poetry, Oxford 1964.

Pöschl, V.: Die Dichtkunst Vergils. Bild und Symbol in der Aeneis, Berlin/New York [3]1977.

Putnam, M. C. J.: Virgil's Aeneid. Interpretation and Influence, Chapel Hill/London 1995.

Quinn, K.: Virgil's Aeneid. A Critical Description, London 1968.

Rieks, R.: Vergils Dichtung als Zeugnis und Deutung der römischen Geschichte, in: ANRW 2, 31, 2, 1981, 728–868.

Suerbaum, W.: Vergils Aeneis. Beiträge zu ihrer Rezeption in Geschichte und Gegenwart, Bamberg 1981.

Suerbaum, W.: Gedanken zur modernen Aeneis-Forschung, in: Der Altsprachliche Unterricht 24, 5, 1981, 67–103.

Suerbaum, W.: Die Aeneis als Schultext, in: Gymnasium 90, 1983, 258–272.

Suerbaum, W.: Vergils Aeneis. Epos zwischen Geschichte und Gegenwart, Stuttgart 1999.

Williams, R. D.: The Aeneid, London 1987.

Wlosok, A.: Vergil in der neueren Forschung, in: Gymnasium 80, 1973, 129–151.

Wlosok, A.: Vergil, in: Hörmann, F. (Hg.): Gegenwart der Antike, München 1974, 104–126.

NAMENREGISTER

Die angegebene Textstelle bezeichnet das erste Vorkommen des Namens in der vorliegenden Auswahl.

ABARIS ein Rutuler 9, 344
ABAS ein Trojaner 1, 121
ACAMAS ein Grieche im trojanischen Pferd 2, 262
ACCA eine Kriegerin im Gefolge der Camilla 11, 820
ACESTES Gründer und König von Acesta (Segesta) in Sizilien 1, 195
ACHAEMENIDES ein Gefährte des Ulixes 3, 614
ACHATES ein Trojaner 1, 120
ACHERON Fluß in der Unterwelt oder Bezeichnung für die Götter der Unterwelt 7, 312
ACHILLES größter Held der Griechen vor Troja 1, 30
ACHIVI die Griechen 1, 242
ACRISIONEI (COLONI) die Gründer von Ardea 7, 410
ACTIUS, -A, -UM Adjektiv zu Actium 8, 704
ADAMASTUS Vater eines Gefährten des Odysseus 3, 614
AEACIDES a) Achilles 1, 99. – b) Perseus, der letzte König der Makedonen, von L. Aemilius Paulus bei Pydna 168 v. Chr. besiegt 6, 839
AEGYPTIA CONIUNX Kleopatra, die Königin von Ägypten, Frau des Antonius 8, 688

AEGYPTUS Ägypten 8, 687
AENEADAE Gefährten und Familienangehörige des Aeneas 1, 157
AENEIA HOSPITIA Gastfreundschaft mit Aeneas 10, 494
AEOLOIA Insel des Aeolus 1, 52
AEOLUS der König der Winde 1, 52
AEPYTUS ein Trojaner 2, 340
AETNA Vulkan auf Sizilien 3, 674
AETNAEUS, -A, -UM zum Aetna gehörend 3, 678
AFER ein Bewohner von Afrika 8, 724
AFRICUS stürmischer WSW-Wind 1, 86
AGAMEMNONIAE MYCENAE 6, 838
AGRIPPA der Feldherr des Augustus 8, 682
AIAX griechischer Held vor Troja 1, 41
ALBA LONGA Stadt der Latiner 1, 271
ALBANI REGES die Könige von Alba Longa 12, 826
ALBANI LOCI die Gegend um Alba Longa 9, 388
ALBANUS METTUS albanischer Dictator 8, 643
ALBULA älterer Name des Tiber 8, 332
ALCIDES Amphitruo, Sohn des Alceus 8, 363
ALETES ein Trojaner 1, 121

ALLECTO weiblicher Höllendämon, Tochter der Nacht, Verkörperung der Zwietracht 7, 324
ALPHEUS Fluß in Elis 3, 394
ALPINA GAESA Alpenspieße, Waffen der Gallier 8, 661
ALPINI AGGERES die Alpendämme, über die Caesar 49 v. Chr. seine Legionen gegen die Truppen des Senats führte 6, 830
AMASTRUS Sohn des Hippotes, wird von Camilla erschlagen 11, 673
AMAZON Amazone, Bezeichnung der Camilla 11, 684
AMITERNUM Stadt im Sabinerland 7, 710
AMYCUS ein Trojaner 1, 221
ANCHISES der Vater der Aeneas 3, 300
ANCUS der 4. König der Römer 6, 815
ANNA Schwester der Dido 4, 9
ANTENOR ein Trojaner 1, 242
ANTHEUS ein Gefährte des Aeneas 1, 181
ANTONIUS Feldherr und Freund des C. Iulius Caesar, Gemahl der Kleopatra 8, 685
ANUBIS ägyptischer Totengott 8, 698
APOLLO Gott des delphischen Orakels 4, 345
APPENNINICOLA Bewohner des Appenin 11, 700
ARABS / ARABUS Araber 8, 706
ARAXES Fluß in Armenien 8, 728
ARCADES Arkader 10, 452
ARCADES ALAE arkadische Schwadronen 11, 835
ARCADES EQUITES arkadische Reiter 8, 518
ARDEA Hauptstadt der Rutuler 7, 411
ARGI Argos, Hauptstadt der Argolis auf der Peloponnes 1, 24

ARGIVI die Griechen 1, 40
ARGIVUS, -A, -UM griechisch 2, 254
ARGOLICUS, -A, -UM griechisch 2, 55
ARISBA Stadt in der Landschaft Troas 9, 264
ARRUNS ein Etrusker 11, 759
ASCANIUS Sohn des Aeneas und der Crëusa 1, 267
ASSARACUS Ahnherr des Aeneas 6, 778
ASYLUM Zufluchtstätte für Flüchtlinge 8, 342
ATLAS Gebirge im Nordwesten Libyens 4, 481
AUGUSTUS Ehrenname des ersten römischen Kaisers 6, 792
AURORA Göttin der Morgenröte 1, 751
AUSONIA MANUS die ausonische Schar (Ausonia = Mittel- und Unteritalien) 8, 328
AUSONII / AUSONIDES die Ausonier 7, 233
AUSONIUS, -A, -UM ausonisch 6, 807

BACCHUS Gott des Weines 1, 215
BACTRA Hauptstadt von Bactriana in Persien 8, 688
BARCE Amme des Sychaeus, Dienerin der Dido 4, 632
BELLONA Kriegsgöttin, Begleiterin des Mars 7, 319
BELLUM der Dämon des Krieges 1, 294
BERECYNTIUS, -A, -UM vom Berg Berecyntos in Phrygien, Beiname der Göttermutter Kybele 6, 784
BOLA Stadt in Latium 6, 775
BOREAS Nordwind 3, 687
BRUTUS der Begründer der römischen Republik 6, 818
BUTES ein von Camilla erschlagener Trojaner 11, 690f.

NAMENREGISTER

CAEDICUS ein Etrusker 9, 362
CAENEUS / CAENIS unverwundbarer Krieger der Sage 6, 448
CAESAR C. Iulius Caesar (100–44 v. Chr.) 6, 789
CAESAR Octavianus (63 v. Chr. – 14 n. Chr.) Augustus 1, 286; 6, 792; 8, 687; 8, 714
CALYBE Priesterin der Juno 7, 419
CALYDON alte Hauptstadt von Aetolien 7, 306
CAMILLA heldenmütiges Mädchen, das im Kampf gegen die Trojaner fällt 11, 649
CAMILLUS Eroberer von Veji, Befreier der Römer von der Herrschaft der Gallier 6, 825
CAPITOLIUM Kapitol in Rom 6, 836
CAPYS Gefährte des Aeneas 1, 183
CARES die Karer, Bewohner von Karien in Kleinasien 8, 725
CARINAE Stadtviertel in Rom 8, 361
CARMENTIS weissagende Nymphe, Mutter des Euander 8, 336
CASPIA REGNA Reiche am Kaspischen Meer 6, 798
CASSANDRA Tochter des Priamus und der Hecuba 2, 246
CASTRUM Hafen von Ardea 6, 775
CATILINA, L. SERGIUS als Verschwörer und Verräter von Vergil in den Tartarus verbannt 8, 668
CATO, M. PORCIUS (234–149 v. Chr.) römischer Politiker 6, 841
CATO, M. PORCIUS UTICENSIS (95–46 v. Chr.) einer der letzten Verteidiger der römischen Republik im Bürgerkrieg gegen Caesar 8, 670
CAUCASUS Gebirge 4, 367
CEREALE SOLUM eine aus Brot bestehende, runde Unterlage für Gemüse und Früchte, die „Tische", die die hungernden Trojaner aufessen 7, 111
CERES Göttin des Korns und des Wachstums 2, 714
CHLOREUS trojanischer Priester 11, 768
CHROMIS ein Trojaner 11, 675
CISSEIS Hecuba, die Tochter des Königs Kisseus und Gemahlin des Priamus 7, 320
CITHAERON Gebirge zwischen Attika und Böotien 4, 303
CHLOANTHUS ein Trojaner, Ahnherr der römischen Familie der Cluentii 1, 222
CLOELIA Römerin aus einem patrizischen Geschlecht, kam als Geisel in die Gefangenschaft des etruskischen Königs Porsenna und rettete sich heldenmütig, indem sie ihre Fesseln zerriß und den Tiber durchschwamm 8, 651
CLONUS Sohn des Eurytus, fingierter Name für einen Künstler 10, 499
COCLES, HORATIUS verteidigte bei der Belagerung Roms durch den Etruskerkönig Porsenna die Tiberbrücke, bis sie hinter ihm abgebrochen war, und rettete sich, indem er den Tiber durchschwamm 8, 650
COEUS ein Titane, Bruder der Fama 4, 179
COLLATINAE ARCES die Burgen von Collatia, einer alten Latinerstadt 6, 774
CORA Stadt in der Nähe von Norba 6, 775
CORINTHUS Korinth in Griechenland 6, 836
CORYTHUS die etruskische Stadt Cortona nördlich vom Trasimenischen See 7, 209

Cossus, A. Cornelius ein Römer, der den König der Etruskerstadt Veji tötete 6, 841
Creusa die Gattin des Aeneas 2, 562
Cures die Einwohner der Stadt Cures im Sabinerland 6, 811
Cybelus ein sagenhafter Berg in Phrygien 11, 768
Cyclades eine Inselgruppe im Ägäischen Meer 8, 692
Cyclopia saxa das Festland der Kyklopen 1, 201
Cyclops ein einäugiger Riese 3, 617
Cyllenius der Mann von Cyllene = Merkur 4, 276
Cymothoe eine Nereide 1, 444
Cythera Beiname der Venus 1, 257

Dahae Skytisches Nomadenvolk an der Ostküste des Kaspischen Meeres 8, 728
Danae Tochter des Acrisius, des Königs von Argos 7, 410
Danaae classes die griechische Flotte 3, 602
Danai die Griechen 1, 30
Dardania Troja 2, 335
Dardanidae pastores die dardanischen Hirten 2, 59
Dardanides Nachkommen des Dardanus, Gefährten des Aeneas 2, 242
Dardanis Frau aus dem Geschlecht des Dardanus = Creusa 2, 787
Dardanius ductor der dardanische Führer = Aeneas 10, 814
Dardanius, -a, -um dardanisch = trojanisch 3, 596
Dardanius nepos der dardanische Enkelsohn der Venus = Ascanius, der Sohn des Aeneas 4, 163

Dardanus Stammvater des Aeneas-Geschlechts 4, 365
Dardanus, -a, -um trojanisch 2, 618
Daunus Vater des Turnus 12, 934
Decii römisches Geschlecht 6, 824
Deiopea Nymphe 1, 72
Deiphobus Sohn des Priamus 2, 310
Demophoon ein Trojaner 11, 675
Diana Göttin der Jagd 3, 681
Dido Königin von Karthago 1, 299
Diomedes griechischer Held vor Troja 1, 752
Dira dämonische Gottheit des Zornes 4, 610
Dis Gott der Unterwelt 8, 667
Discordia Gottheit der Zwietracht 8, 702
Dolopes Volksstamm in Thessalien 2, 7
Dorica castra griechisches Lager 2, 27
Drusi Name eines Zweiges der gens Livia; Livia war die Gemahlin des Augustus 6, 824
Dymas ein Trojaner, der vor Troja fällt 2, 340

Elissa Beiname der Königin Dido 4, 355
Enceladus ein Gigant, von Jupiter mit einem Blitzstrahl getötet 4, 179
Eous östlich 6, 831
Epeos Grieche, Erbauer des hölzernen Pferdes 6, 831
Erebus die Unterwelt 4, 26
Erinys Fluch- und Rachegeist 2, 337
Eriphyle Tochter des Talaos und der Lysimache, Gemahlin des Amphiaraos; da sie Amphiaraos an Polyneikes, der Bundesgenossen zum Zug gegen Theben suchte, für ein golde-

nes Armband verriet, wurde sie von ihrem Sohn Alkmaeon ermordet 6, 445
ERYMANTHUS Gebirge in Arkadien 6, 802
EUADNE Tochter des Iphis, Gemahlin des Kapaneus, eines der Sieben gegen Theben; als dessen Leiche verbrannt wurde, stürzte sie sich in den Scheiterhaufen und folgte so dem Kapaneus in den Tod 6, 447
EUANDER König von Arkadien, der eine Kolonie nach Italien führte und am Palatin die Stadt Pallanteum gründete 8, 360
EUNAEUS ein Trojaner 11, 666
EUPHRATES der Fluß Euphrat 8, 726
EUROPA Griechenland und Italien im Gegensatz zu Kleinasien 7, 224
EURUS Ostwind 1, 85
EURYALUS ein junger Trojaner 9, 179
EURYTIDES Clonus, ein Sohn des Eurytus 10, 499

FABII das Geschlecht der Fabier 6, 845
FABRICIUS Konsul 281 und 278 v. Chr., erfolgreicher Gegner des Pyrrhus, Vorbild altrömischer Redlichkeit, Schlichtheit und Kraft 6, 844
FADUS ein Rutuler 9, 344
FAMA Göttin des Gerüchtes 4, 173
FAUNUS Sohn des Picus, Enkel des Saturnus, erzeugt mit der laurentischen Nymphe Marica den Latinus; durch sein unter der hohen Albunea liegendes Orakel berät er seinen Sohn und weist ihn auf die Verbindung Lavinias mit Aeneas hin 7, 213
FIDENA Stadt im Sabinerland 6, 773
FIDES Göttin der Treue und Wahrhaftigkeit 1, 192

FORTUNA Göttin des Glücks und des Zufalls 4, 653
FURIAE die (rächenden) Furien 8, 668
FUROR Dämon des Krieges 1, 294

GABII Stadt zwischen Rom und Praeneste 6, 773
GAETULUS, -A, -UM gätulisch; die Gätuler lebten im Nordwesten von Afrika 4, 40
GALLUS der Gallier 6, 858
GANYMEDES Jupiters Mundschenk 1, 28
GARAMANTES Volk im Inneren Afrikas 6, 794
GARAMANTIS afrikanische Nymphe 4, 198
GELONI skytischer Volksstamm 8, 725
GNOSIUS, -A, -UM kretisch, nach Knossos, der Hauptstadt der Insel Kreta 9, 305
GORGO Haupt der Medusa 2, 616
GORTYNIA SPICULA kretische Pfeile, benannt nach der kretischen Stadt Gortyn 11, 773
GRACCHUS Angehöriger der Familie der Gracchi 6, 842
GRAIUS, -A, -UM griechisch 3, 594
GRYNEUS Apollo, benannt nach Grynium, einer alten Stadt in Mysien mit prächtigem Tempel und berühmtem Orakel des Apollo 4, 345
GYAS Gefährte des Aeneas 1, 222

HARPALYCUS ein Trojaner 11, 675
HECTOR der größte Held der Trojaner 1, 99
HECTOREUS, A, -UM zu Hektor gehörend 1, 273
HELENUS Sohn des Priamus und der Hecuba 3, 684

HERBESUS ein Rutuler 9, 344
HESPERIA Italien 2, 781
HIPPOLYTE Königin der Amazonen 11, 661
HIPPOTADEN AMASTRUM ein Trojaner 11, 674
HYPANIS ein Trojaner 2, 340
HYRCANUS, -A, -UM hyrkanisch
HYRTACIDES Nisus, Sohn des Hyrtacus 9, 177
HYRTACUS Vater des Nisus 9, 404

IANICULUM Burg des Königs Ianus auf dem rechten Tiberufer, nach Ianus benannter Bergrücken 8, 358
IANUS altrömische Gottheit 7, 180
IARBAS König von Gaetulien, abgewiesener Freier der Dido 4, 326
IDA phrygische Nymphe, Mutter des Nisus 9, 177
IDA Gebirge in Phrygien 2, 801
IDAEUS, -A, -UM vom phrygischen Idagebirge 2, 696
IGNIPOTENS Herr des Feuers, Volcanus 8, 628
ILIA Mutter der Zwillinge Romulus und Remus 1, 274
ILIACUS, -A, -UM trojanisch 1, 97
ILIADES die Frauen von Ilion = Troja 7, 248
ILIONEUS Anwalt und Sprecher der Trojaner vor Dido und Latinus 1, 120
ILIUM Troja 1, 68
ILLYRICUS, -A, -UM illyrisch; die Illyrier lebten in Dalmatien und Albanien 1, 243
ILUS Ascanius, Sohn des Aeneas 1, 268
INACHIUS, -A, -UM zu Inachus gehörend 7, 286
INDI die Inder 6, 794

INDIGES Stammvater 12, 794
INUI das Fort des Inus 6, 775
IONIUS, -A, -UM jonisch 3, 671
ITALIA Italien 1, 2
ITALIDES die Italerfrauen 11, 657
ITALUS einer der alten Italerkönige in der Reihe der Ahnen des Latinus 7, 178
ITALUS, -A, -UM italisch 1, 252
ITHACA die Heimatinsel des Ulixes = Odysseus 3, 613
ITHACUS Ulixes = Odysseus 3, 629
IULIUS C. Iulius Caesar Divi filius, der spätere Augustus 1, 288
IULUS Ascanius 1, 267
IUNO Gemahlin des Jupiter, Gegenspielerin der Venus und Feindin der Trojaner 1, 4
IUPPITER der höchste Gott, Vater der Götter und Menschen 1, 78

KARTHAGO Lieblingsstadt der Juno, gefährlichste Konkurrentin Roms 1, 13

LACAENA die Lakonierin = Helena 2, 601
LAMUS ein Rutuler 9, 334
LAMYRUS ein Rutuler 9, 334
LAOCOON Trojaner, Priester des Neptun 2, 201
LAODAMIA Gemahlin des Protesilaos, der als erster in der Troas an Land sprang und sofort von Hektor getötet wurde 6, 447
LARINA VIRGO Begleiterin der Camilla 11, 655
LARISSAEUS Beiname des Achilles, so genannt nach der Stadt Larissa in Thessalien 2, 197

LATINI die Einwohner von Latium 7, 150
LATINUS lateinisch, aus Latium stammend 1, 6
LATINUS der König von Latium 7, 192
LATIUM Landschaft zwischen Tiber und Kampanien mit der Hauptstadt Rom 1, 6
LATONIUS, -A -UM zu Latona gehörend = Diana 9, 405
LAURENS Laurentum, Stadt in Latium 8, 613
LAVINIA Tochter des Latinus und der Amata, ursprünglich mit Turnus verlobt, dann aber zur Gemahlin des Aeneas bestimmt; um ihretwillen entbrennt der Krieg zwischen den Italikern und den Trojanern 6, 764
LAVINIUM Stadt in Latium, von Aeneas gegründet und nach Lavinia benannt 1, 258
LAVINIUS, -A, -UM lavinisch 1, 2
LELEGES kleinasiatischer Volksstamm 8, 725
LETHAEUS Lethe, Strom des Vergessens 6, 705
LEUCATES Vorgebirge von Leucas mit berühmtem Apollo-Tempel 8, 677
LIBER Beiname von Bacchus 6, 805
LIBURNI Bewohner der Landschaft Illyriens zwischen Istrien und Dalmatien 11, 244
LIBYA Libyen, nördlichster Streifen Afrikas 1, 22
LIBYCUS, -A, -UM libysch 4, 271
LIBYSTIS libysch 8, 368
LIRIS ein Etrusker auf seiten der Trojaner 11, 670
LUCIFER der Morgenstern 2, 801
LUNA Mondgöttin = Diana 9, 403

LUPERCAL die heilige Grotte und uralte Kultstätte des Fruchtbarkeitsgottes Faunus, am Nordwestabhang des Palatin gelegen 8, 343
LUPERCI Priester der Gemeinde auf dem Palatin 8, 663
LYCAEUS Beiname des Gottes Pan 8, 344
LYCAON ein kretischer Künstler 9, 334
LYCIA Lykien. Landschaft im Südwesten Kleinasiens 7, 721
LYCIUS der Lykier 1, 113
LYCIUS, -A, -UM lykisch 4, 346
LYCUS ein Trojaner 1, 222
LYDIUS, -A, -UM lydisch 2, 781

MACHAON ein Grieche, Arzt der Helden vor Troja 2, 263
MAEONIDAE die Etrusker 11, 759
MAEOTIA TELLUS Land eines skythischen Volkes am Maeotischen Meer 6, 799
MAGNI DI die Penaten 8, 679
MAIA Tochter des Atlas, Mutter des Merkur 1, 297
MANLIUS M. Manlius Capitolinus, Retter des Capitols im Jahre 389 v. Chr. 8, 652
MARPESIUS, -A, -UM zu Marpesus gehörend, einem Berg auf der Insel Paros 6, 471
MARS Gott des Krieges 1, 274
MARTIUS, -A, -UM zum Mars gehörig, vom Mars abstammend 11, 661
MAVORS alter Name des Gottes Mars 8, 630
MAXIMUS, FABIUS der Dictator im 2. Punischen Krieg 6, 845
MEGAROS SINUS Bucht von Megara Hyblaea im Südosten Siziliens, nördlich von Syrakus 3, 689

MENELAUS König von Sparta, Bruder des Agamemnon 2, 264
MESSAPUS, -A, -UM ein etrurischer Anhänger des Latinus und des Turnus 9, 351
METTUS ein Dictator der Albaner 8, 642
MINERVA Tochter des Jupiter, Helferin der Griechen u. a. beim Bau des hölzernen Pferdes 2, 31
MINOS Sohn Jupiters und der Europa, König von Kreta 6, 432
MNESTHEUS Vorfahre der römischen gens Memmia 4, 288
MONOECUS Beiname des Hercules 6, 830
MORINI keltischer Stamm auf dem Gebiet des heutigen Belgien 8, 717
MULCIBER Beiname des Volcanus 8, 724
MUSA Göttin der Dichtkunst 1, 8
MYCENAE Herrschersitz des Königs Agamemnon in der Argolis 1, 284
MYGDONIDES ein Phrygierkönig 2, 342
MYRMIDONES Volksstamm in Thessalien, beherrscht von Achilles 2, 7

NEOPTOLEMUS Sohn des Achilles und der Deidameia 2, 263
NEPTUNUS Meeresgott, der griechische Poseidon 1, 125
NEPTUNIUS, -A, -UM zu Neptunus gehörend 2, 625
NILUS der Nil 6, 800
NISUS Trojaner, Freund des Euryalus 9, 176
NOMADES Nomadenstämme Afrikas 4, 320
NOMENTUM Sabinerstadt 6, 773
NOTUS der Südwind 1, 85

NUMA POMPILIUS der 2. König von Rom 6, 810
NUMICUS ein Fluß 7, 150
NUMITOR König von Alba Longa 6, 768
NYSA Berg in Indien 6, 805

OCEANUS der größte, die Erdscheibe umschließende Strom im Sinne des homerischen Weltbildes 1, 287
OLYMPUS hoher Berg an der Grenze zwischen Makedonien und Thessalien 2, 779
OPHELTES ein Trojaner, Vater des Euryalus 9, 201
ORIENS der Osten 1, 289
ORONTES Gefährte des Aeneas 1, 113
ORSILOCHUS ein Trojaner 11, 690

PANYCHUM Vorgebirge an der Südspitze Siziliens 7, 289
PAGASUS ein Trojaner 11, 670
PALLAS Sohn des Euander, Bundesgenosse des Aeneas, wird von Turnus im Kampf getötet 10, 442
PALLAS anderer Name für Minerva 2, 15
PAN Gott der Hirten 8, 344
PANTAGYAS Fluß, der an der Ostküste Siziliens ins Meer mündet 3, 689
PANTHUS Trojaner, Priester des Apollo 2, 318
PARCAE Schicksalsgöttinnen 1, 22
PARIS Sohn des Priamus und der Hecuba, Entführer der Helena, Urheber des trojanischen Krieges 1, 27
PASIPHAE Gemahlin des Minos, Königin von Kreta 6, 447
PATAVIUM Padua, Stadt in Venetien 1, 247
PELORUS Nordostspitze Siziliens an der Straße von Messina 3, 687

NAMENREGISTER

PENATES Götter, die sich um die Angelegenheiten des Hauses kümmern 1, 68
PENTHESILEA Tochter des Mars, Amazonenkönigin 11, 662
PERGAMA Stadtburg von Troja 2, 291
PERGAMUS Troja 2, 291
PHAEDRA Tochter des Königs von Kreta, zweite Gemahlin des Theseus, entbrannte in unerwiderter Liebe zu ihrem Stiefsohn Hippolytos 6, 445
PHOEBUS Beiname des Apollo 2, 319
PHOEBAEUS, -A, -UM zu Phoebus gehörend 3, 637
PHOENISSA die Phoenizierin, Dido 4, 348
PHOENIX Begleiter des Aeneas 2, 762
PHRYGIA Phrygien, Landschaft in Kleinasien 7, 207
PHRYGIUS, -A, -UM phrygisch = trojanisch 1, 182
PICUS Sohn des Saturnus, Vater des Faunus, Großvater des Latinus, von der eifersüchtigen Circe in einen Specht verwandelt 7, 171
PLUTON Gott der Unterwelt 7, 327
POENI die Punier (Karthager) 1, 302
POLYPHEMUS Kyklop, Sohn des Neptunus 3, 641
POMETII Stadt in Latium 6, 775
PORSENNA Etruskerkönig aus Clusium 8, 646
PRIAMUS König von Troja 1, 750
PROCAS König von Alba Longa 6, 767
PROCRIS Tochter des athenischen Königs Erechtheus, Gemahlin des Kephalus 6, 445
PTHIA Stadt und Landschaft in Thessalien, Reich des Achilles 1, 284

PYGMALION Bruder der Königin Dido 4, 325
PYRRHUS Hauptheld bei der Eroberung von Troja, läßt sich in das hölzerne Pferd einschließen, tötet Priamus am Altar des Jupiter und erhält Andromache, Hektors Gemahlin, als Kriegsbeute 2, 662

QUIRINUS ursprünglich Schutzgott der Gemeinde vom Hügel Quirinalis, von Vergil mit Romulus gleichgesetzt 1, 292

REMULUS Held aus Tibur 9, 360
REMUS Bruder des Romulus 1, 292
REMUS ein Rutuler 11, 636
RHAMNES Fürst der Rutuler 9, 325
RHENUS der Rhein 8, 727
RHOETUS ein Rutuler 9, 344
RIPHEUS ein Trojaner 2, 339
ROMA die Stadt Rom 1, 7
ROMANUS der Römer 1, 234
ROMULEUS, -A, -UM zu Romulus gehörend 8, 654
ROMULIDES das Gefolge des Romulus 8, 638
ROMULUS Sohn des Mars und der Ilia sacerdos, Bruder des Remus, Erbauer der Stadt Rom 1, 276
RUTULUS der Rutuler 1, 266
RUTULUS, -A, -UM rutulisch 7, 318

SABAEUS der Sabäer aus der Stadt Saba in Arabien 8, 706
SABINAE die Sabinerinnen 8, 635
SABINUS der Stammvater der Sabiner 7, 178
SALII Priester, die durch Gesang und Tanz den Kult des Mars Gradivus und des Hercules feierten 8, 663

SAMOTHRACIA Insel im Ägäischen Meer an der Küste von Thrakien 7, 208
SAMUS Insel im Ägäischen Meer 1, 16
SARPEDON Fürst der Lykier, Sohn des Zeus, von Patroklos getötet 1, 100
SATURNIA Juno als Tochter des Saturnus 1, 23
SATURNIA Stadt des Saturnus auf dem Hügel, der später „Capitol" genannt wurde 8, 358
SATURNUS ein Gott, unter dessen Herrschaft das Goldene Zeitalter stand 6, 794
SATURNIUS, -A, -UM saturnisch 8, 329
SCAEAE PORTAE das skaeische Tor in Troja 2, 612
SCIPIADAE die beiden Scipionen Lucius Cornelius Scipio Africanus maior, der Sieger über Hannibal, und sein Adoptivsohn Publius Cornelius Scipio Aemilianus Africanus Minor Numantinus, Zerstörer Karthagos 6, 843
SCYLLA ein Meerungeheuer 7, 302
SCYLLAEUS, -A, -UM zu Scylla gehörend 1, 200
SERESTUS ein Trojaner 4, 288
SERGESTUS ein Trojaner 4, 288
SERRANUS ein Römer 6, 844
SERRANUS ein Rutuler 9, 335
SIBYLLA die Sibylle von Cumae, Begleiterin des Aeneas in der Unterwelt 6, 752
SICULUS, -A, -UM sizilisch 1, 34
SIDONIUS, -A, -UM zur Stadt Sidon gehörend 9, 266
SILVIUS Sohn des Aeneas und der Lavinia 6, 763
SILVIUS Aeneas 6, 769
SINON ein Grieche 2, 195

SOL der Sonnengott 4, 607
STHENELUS ein Grieche 2, 261
STYGIUS, -A, -UM zum Styx gehörend 4, 699
SULMO ein Rutuler 9, 412
SYCHAEUS Gemahl der Dido 4, 20
SYRTES die Syrte, ein Golf an der Nordküste von Afrika 7, 302

TARCHO ein etruskischer Fürst 11, 184
TARPEIA Gefährtin der Camilla 11, 656
TARPEIUS tarpeisch, nach dem tarpeischen Fels, von dem die Verbrecher hinabgestürzt wurden 8, 347
TARQUINIUS a) Lucius Tarquinius Priscus, ein römischer König 6, 817. b) Lucius Tarquinius Superbus, der letzte König von Rom 8, 646
TARTAREUS, -A, -UM zum Tartarus (der Unterwelt) gehörend 7, 328
TATIUS Sabinerkönig in Cures 8, 638
TELLUS die Mutter Erde 4, 166
TENEDOS Insel im Ägäischen Meer 2, 21
TEREUS ein Trojaner 11, 675
TEUCER der Stammvater der Trojaner 1, 235
TEUCRIA Land der Teucrer (Trojaner) 2, 26
TEUCRUS Trojaner 1, 89
THAPSUS Stadt auf der Halbinsel, die im Süden die Bucht von Megara bildet, im Südosten Siziliens 3, 689
THERMODON Fluß in Kappadokien 11, 659
THESSANDRUS ein Grieche 2, 261
THOAS ein Grieche 2, 262
THREICIUS, -A, -UM thrakisch 7, 208
THYBRIS alter König in Italien, nach dem der Thybris (Tiber) benannt worden sein soll 8, 330

NAMENREGISTER

THYBRIS der Fluß Tiber 2, 782
THYIAS eine Bacchantin 4, 302
THYMOETES einer der Älteren im Rat des Priamus 2, 32
TIBERINUS, -A, -UM zum Tiber gehörend 1, 13
TIMAVUS unterirdischer Fluß, der zwischen Tergeste und Aquileia aus sieben bzw. neun Armen aus der Erde hervorquillt 1, 244
TITHONUS Gemahl der Aurora 4, 585
TORQUATUS, MANLIUS ließ in altrömischer Strenge seinen Sohn, der befehlswidrig gekämpft hatte, trotz des errungenen Sieges hinrichten 6, 825
TRINACRIUS, -A, -UM sizilisch 1, 196
TRITON Sohn des Neptunus und der Amphitrite, ein Meergott 1, 144
TRITONIS Beiname der Minerva 2, 226
TRITONIUS, -A, -UM zu Triton gehörend 2, 615
TROIA die Stadt Troja 1, 206
TROIANUS der Trojaner 1, 268
TROIANUS, -A, -UM trojanisch 1, 19
TROIUS trojanisch 1, 119

TROS der Trojaner als Nachkomme von Tros, dem Stammvater des Aeneas-Geschlechts 1, 30
TULLUS HOSTILIUS König von Rom 6, 814
TURNUS König der Rutuler, bestimmt zum Gemahl der Lavinia, daher der Hauptgegner des Aeneas 7, 413
TYDIDES der griechische Held Diomedes 1, 97
TYRIUS Bewohner von Tyrus und von Karthago 4, 321
TYRRHENUS der Etrusker 11, 733
TYRRHENUS, -A, -UM etruskisch 1, 67

UCALEGON einer der Ratsherren des Priamus 2, 312
UFENS ein Latiner 7, 745
ULIXES Odysseus 2, 7

VENUS Göttin der Liebe, Mutter des Aeneas, Gegenspielerin der Juno 1, 229
VOLCANUS Gott des Feuers und der Metallarbeiten 2, 311
VOLCENS ein Latiner 9, 370
VOLSCI Volsker, ein altitalisches Volk 11, 801

ZEITTAFEL

a) der in der Aeneis erwähnten oder angedeuteten Ereignisse
der römischen Geschichte*

v. Chr.	Romulus (I 276; VI 778; VIII 343).
	Sage von der Wölfin (VIII 630–634).
	Raub der Sabinerinnen, Krieg und Frieden (VIII 635–641).
	Numa (VI 808–812), Tullus *Hostilius* (VI 814; VIII 644 f.).
	Ancus *Martius* (VI 815), die Tarquinier (VI 817; VIII 646).
510	Vertreibung der Tarquiner. L. *Junius* Brutus begründet den Freistaat (VI 817 f.; VIII 646).
508–507	Porsenna vor Rom. *Horatius* Cocles und Cloelia (VIII 646–651).
428–425	Krieg gegen Fidenae. *A. Cornelius* Cossus tötet *Lars Tolumnius*, den König der Etruskerstadt *Veji*, und nimmt ihm die Rüstung. Dadurch gewinnt er als der zweite Römer – der erste war Romulus – die spolia opima für Rom (VI 841).
406–396	Krieg gegen Veji, angedeutet durch die Erwähnung der Fabier, die sich in diesem Krieg besonders hervortaten (VI 845).
389	18. Juli Unglückstag für Rom: schwere Niederlage an der Allia im Kampfe gegen die Gallier; Verheerung Roms; Rettung des Kapitols durch *T.* Manlius *Capitolinus*. Wiedereroberung der verlorenen Feldzeichen durch M. Furius Camillus (VI 825; VII 717; VIII 652–662).
340–338	Latinerkrieg. Schlacht am *Vesuv* 340.
298–289	Samniterkrieg. Schlacht bei *Sentinum* 295.
280–274	Krieg gegen *Pyrrhus*. Schlacht bei *Ausculum* 279. In den erwähnten drei Schlachten soll sich jedesmal ein P. Decius *Mus* als Konsul und Feldherr für Roms Rettung geopfert haben (VI 824). *T. Manlius* Torquatus (VI 825), Vorbild altrömischer Strenge und Disziplin, ließ im Latinerkriege seinen eigenen Sohn hinrichten, weil er befehlswidrig, wenn auch siegreich, gegen den Anführer der Latiner gekämpft hatte. Fabricius (VI 844), berühmt als Sieger über *Pyrrhus* und ein Vorbild altrömischer Schlichtheit und Armut.

* Ergänzte Namensteile und erschlossene Namen in *Kursivdruck*.

264–241	Erster Punischer Krieg, angedeutet durch den Namen Serranus (VI 844). Wir kennen ihn besser unter dem Namen M. *Atilius Regulus*. Horaz feiert ihn in carm. III 5 als Vorbild der severitas und fides.
224–222	Unterwerfung der Gallier in Oberitalien. *M. Claudius* Marcellus tötet in der Schlacht bei *Clastidium* (222) den gallischen Feldherrn *Virdumarus* und gewinnt so nach Romulus und A. *Cornelius* Cossus die dritten spolia opima für Rom (VI 855–859).
218–202	2. Punischer Krieg. Auf ihn weisen hin die Namen Marcellus (VI 855 ff.), Scipiades (VI 842 f.) und *Fabius* Maximus (VI 845 f.) u. X 11–14.
207	*Schlacht am Metaurus*. M. *Livius* Drusus besiegt *Hannibals* Bruder *Hasdrubal* und rettet Rom aus höchst bedrohlicher Lage.
185	M. *Porcius* Cato *Censor* (VI 841).
168	Schlacht bei Pydna; angedeutet in VI 839; der Vers spielt auf L. *Aemilius Paulus*, den Besieger des Makedonienkönigs *Perseus* an.
146	Zerstörung Korinths (VI 836) durch L. *Mummius*. Zerstörung *Karthagos* durch P. *Cornelius* Scipio *Aemilianus Africanus Minor* (VI 842 f. u. I 19–22).
133–121	Reform der Gracchen. Durch den Namen Gracchi (VI 842) wird auch angespielt auf die Leistungen zweier Vorfahren der berühmten Gracchen, die sich im 2. Punischen Kriege (215–212) und – der Vater der Gracchen – in der Provinz *Spanien* (179) und *Sardinien* (177) hervorgetan haben.
66–63	Verschwörung des Catilina (VIII 668).
49	Beginn des Bürgerkrieges zwischen *Caesar* und *Pompeius* (VI 830).
48	Schlacht in der Ebene von *Pharsalus* (VI 830–835). cf. Caesar B. C. III 98.
31	2. Sept. Schlacht bei Aktium (VIII 675–713).
30	Tod der *Kleopatra*: Fall *Alexandrias* (VIII 709–713. VI 800).
30/29	Erfolge des *Octavianus* in aller Welt; Ende der Bürgerkriege; Ausdehnung des Imperium Romanum; Beginn des Augustum Saeculum; Wiederkehr der aurea saecula (I 286–296). (VI 791–807. VIII 711–728).
29	Dreifacher Triumph des *Octavianus* über seine Siege in *Dalmatien*, bei *Aktium* und *Alexandria* (VIII 715); Schließung des Janusbogens (I 294).
28	*Octavianus*, conditor aut restitutor omnium templorum (VIII 715 ff.) (cf. Livius 4; 20.7).
27	*Octavianus* erhält den Titel Augustus, 16. Jan. (VI 792. VIII 678 vorgreifend).

ZEITTAFEL

25   Schließung des Janusbogens (I 294).

23   M. *Claudius* Marcellus, der Lieblingsneffe und Schwiegersohn des *Augustus*, Sohn seiner Schwester *Octavia*, von *Augustus* zum Nachfolger bestimmt, stirbt (VI 868–886).

20   Die *Parther* schicken die bei *Carrhae* (53 v. Chr.) vom Heere des *Crassus* erbeuteten Feldzeichen an *Augustus* (I 289; VI 794??).

19   Die Garamanten, im Jahre 20 von *L. Cornelius Balbus* besiegt, schließen einen Vertrag mit Augustus (VI 794).

b) über Vergils Leben und Werk

71*   Am 15. Oktober wird Publius Vergilius Maro zu Andes bei Mantua unter dem Konsulat des Pompejus und Crassus geboren.

55   Am 15. Oktober, unter dem 2. Konsulat des Pompejus und Crassus, legt Vergil die toga virilis an.

ca. 53–43   Studienaufenthalt in Rom. Vergil lernt den Epikureer Siro kennen (Cat. V 8–10).

42/41   Vergil verliert sein väterliches Erbe bei Mantua, wird aber von Octavianus entschädigt (Ecl. I und IX).

42–39   Bucolica.

37–29   Georgica.

29–19   Aeneis. Der Dichter hatte in seinem Testament verfügt, dieses, von ihm noch nicht bis ins letzte durchgefeilte Werk zu verbrennen; aber Vergils Freunde, Varius und Tucca, gaben es im Jahre 17 auf ausdrücklichen Befehl des Augustus heraus.

20   Studienreise nach Griechenland.

19   Tod in Kalabrien (Brundisium) kurz nach der Rückkehr; Grab bei Neapel.
Grabschrift: Mantua me genuit, Calabri rapuere, tenet nunc
              Parthenope; cecini pascua, rura, duces.

---

* 71 ist wahrscheinlich das Geburtsjahr Vergils, vgl. G. Radke Gymn. 71 (1964) 80 ff.

TVSCVLVM
STUDIENAUSGABEN

Caesar
Der gallische Krieg
Lateinisch-deutsch
Herausgegeben und übersetzt von
Otto Schönberger
ISBN 3-7608-1352-6

Catull
Gedichte
Lateinisch-deutsch
Herausgegeben, übersetzt und
erläutert von Werner Eisenhut
ISBN 3-7608-1356-9

Cicero
Die catilinarischen Reden
Lateinisch-deutsch
Herausgegeben, übersetzt und
erläutert von Manfred Fuhrmann
ISBN 3-7608-1351-8

– Die Reden gegen Verres
Lateinisch-deutsch
Erste Rede / Zweite Rede, viertes
Buch
Übersetzt, ausgewählt und heraus-
gegeben von Manfred Fuhrmann
ISBN 3-7608-1361-5

– Der Staat
Lateinisch-deutsch
Übersetzt von Karl Büchner, neu
herausgegeben von Harald Merklin
ISBN 3-7608-1360-7

Homer
Odyssee
Auswahlausgabe
Griechisch-deutsch
Übersetzt von Anton Weiher,
ausgewählt und herausgegeben
von Rainer Nickel
ISBN 3-7608-1364-X

Horaz
Satiren
Lateinisch-deutsch
Übersetzt von Wilhelm Schöne und
Hans Färber; neu herausgegeben
von Gerhard Fink
ISBN 3-7608-1357-7

Livius
Römische Geschichte, Buch 1
Lateinisch-deutsch
Herausgegeben und übersetzt von
Hans Jürgen Hillen
ISBN 3-7608-1365-8

Marc Aurel
Wege zu sich selbst
Griechisch-deutsch
Herausgegeben und übersetzt von
Rainer Nickel
ISBN 3-7608-1355-0

TVSCVLVM
STUDIENAUSGABEN

Ovid
Metamorphosen
Auswahlausgabe
Lateinisch-deutsch
Übersetzt, ausgewählt und herausgegeben von Gerhard Fink
ISBN 3-7608-1356-9

Platon
Symposion
Griechisch-deutsch
Herausgegeben und übersetzt von Franz Boll; bearbeitet von Wolfgang Buchwald; neu bearbeitet und herausgegeben von Rainer Nickel
ISBN 3-7608-1354-2

Plinius d. J.
Briefe
Auswahlausgabe
Lateinisch-deutsch
Übersetzt von Helmut Kasten, ausgewählt und herausgegeben von Rainer Nickel
ISBN 3-7608-1366-6

Sallust
Die Verschwörung Catilinas
Lateinisch-deutsch
Herausgegeben und übersetzt von Josef Lindauer
ISBN 3-7608-1350-X

Seneca
Das glückliche Leben
Lateinisch-deutsch
Herausgegeben und übersetzt von Gerhard Fink
ISBN 3-7608-1358-5

Sophokles
Antigone
Übersetzt von Wilhelm Willige; neu herausgegeben von Bernhard Zimmermann
ISBN 3-7608-1363-1

– König Oidipus
Griechisch-deutsch
Übersetzt von Wilhelm Willige; überarbeitet von Karl Bayer; neu herausgegeben von Berhard Zimmermann
ISBN 3-7608-1359-3

Tacitus
Germania
Lateinisch-deutsch
Herausgegeben und übersetzt von Alfons Städele; mit Einführung und Erläuterung von Gerhard Fink
ISBN 3-7608-1353-4

Artemis & Winkler